Anne-Marie Venner

40 jeux pour l'expression corporelle à l'école

RETZ
1, RUE DU DÉPART
75014 PARIS

Je remercie vivement Mmes Adam, Aubertin, Giangiacomo, Guesnay, Philips, Schweitzer, M. Lage, Mme Tozzo,
ainsi que tous les enfants
grâce auxquels ce livre a pu prendre forme.
Je le dédie à mes parents et à mon mari.

Photo de couverture :
J. P. Delagarde

Illustrations intérieures :
Olivier Roy

Sommaire

Introduction

Donner une définition à l'expression corporelle n'est guère aisé. « Parler avec son corps, ... danser... » sont autant d'expressions qui insistent sur l'extériorisation en vue d'une communication. Le corps est utilisé pour communiquer un projet personnel aux autres, pour parler. Le maître mot de ce dialogue est « l'authenticité », en opposition à l'efficacité qui semble davantage attachée au domaine sportif. Le mouvement authentique, signifiant au service d'un projet, devient la contrainte qui gère la « performance » expressive (le mot performance étant entendu au sens large de production ponctuelle, non de rendement).

Comme tout geste, le mouvement expressif se déroule dans le temps (chronologie) selon un rythme donné (vitesse et durée), dans un espace déterminé (proche, lointain) selon une organisation spatiale propre (amplitude et orientation), avec une énergie donnée (plus ou moins intense, plus ou moins tonique). Le corps est sollicité en entier ou en partie, choisi parce que propre à « parler », à traduire ce que l'on a à dire, défiant ou utilisant les lois de la pesanteur.

Il se différencie de tout geste inhérent aux autres activités physiques et sportives, parce qu'il semble d'une autre nature, né d'une idée, d'un sentiment, d'une sensibilité ; la contrainte émane de soi, de son propre projet, de ceux à qui est destiné le message, de leur attente.

Enfin, c'est une adaptation à un environnement physique que modèle l'individu. « Ce que je vois, je touche, j'entends, je sens » est traduit en « ce que je regarde, j'écoute et je ressens », pour reprendre les propos d'Augusto Boal dans *Jeux pour acteurs et non-acteurs* (Maspero, collection Malgré-tout).

Pour toutes ces raisons, cette activité d'« expression corporelle » semble s'inscrire tout naturellement dans un projet pédagogique à l'école maternelle et élémentaire, dont nous rappelons ici, brièvement, quelques objectifs prioritaires :

– développer la fonction de coordination motrice, affiner progressivement la dissociation segmentaire, renforcer la fonction d'équilibre, maîtriser l'énergie (au plan moteur);
– grâce aux interrelations entre les trois pôles en présence (le maître; le groupe d'enfants; l'activité d'expression corporelle), favoriser l'éveil de la personnalité sur le plan du langage écrit, parlé et relationnel.

Les activités ou situations proposées appartiennent:
– aux jeux traditionnels du patrimoine;
– au monde du spectacle audio-visuel;
– à la vie de tous les jours;
– à la fiction, l'imaginaire, l'irréel.

Le lecteur pourra noter l'utilisation de jeux connus (ex.: jeu de mime) ou de situations utilisées et détaillées dans des ouvrages spécialisés: *«L'expression corporelle... de l'école... aux associations»* de Francette et Jean-Paul Levieux (Revue EPS 1989) et surtout *Jeux pour acteurs et non-acteurs*, ouvrage qui a fortement inspiré ce travail.

Quels sont les besoins des enfants?

Les enfants ont besoin tout à la fois de sécurité et de prise de risque, de mouvement et de repos, de repli sur eux-mêmes et d'ouverture vers les autres. Les instructions officielles de maternelle le rappellent. Des jeux de tous ordres offrent aux enfants ces possibilités. «Voyager, chasser, s'initier, animer (dans le sens de donner vie), batailler, jouer la comédie» sont des thèmes essentiels dans les jeux traditionnels[1]. Chacun reconnaît l'importance du jeu dans le développement psychomoteur, affectif et relationnel des enfants. Le jeu permet d'approcher «l'affrontement (la bataille), le vertige (dans la comédie ou l'initiation), l'imitation (dans les jeux d'expression) et les aléas (les imprévus du voyage, par exemple)»[2]. Ces autres thèmes sont des constantes, suscitant des émotions recherchées par les enfants. L'expression par le mouvement, en réutilisant, en transformant parfois ces jeux traditionnels est une nouvelle occasion d'éprouver ces émotions.

Quand mettre en place ce type de pratique?

Les jeux proposés peuvent être des intermèdes, des pauses dans la journée scolaire, comme pourraient l'être des situations de yoga avant une activité intellectuelle.

1. Voir J.-C. Marchal, *Jeux traditionnels et jeux sportifs*, Vigot, 1990.
2. Voir Caillois, *Des jeux et des hommes*, Idées/Gallimard.

Ils peuvent être des incitateurs, des mises en train de l'imaginaire. Entrer dans l'activité « expression corporelle » est parfois difficile pour le maître et s'entendre dire : « faites tout ce que vous voulez avec votre corps en exprimant la musique » semble si extérieur à la pratique habituelle de l'enseignant que ce dernier éprouve un certain malaise à formuler la consigne (malaise que ressentent aussi les enfants pour y répondre !). Dans ce cas, passée une première écoute de la musique, le maître peut proposer lui-même la mise en scène du jeu aux enfants qui trouveront bien vite des transformations.
Les jeux proposés peuvent être aussi l'occasion d'approfondir tel ou tel thème, d'affiner tel ou tel objectif, de se situer après une consigne plus ouverte.

Comment faire évoluer un jeu?

Le maître peut faire varier différents facteurs.

Le facteur espace : dans le jeu des « papillons », par exemple, les papillons vont se déplacer, à la demande du maître, en veillant à ne pas se toucher, pour ne pas abîmer leurs ailes fragiles. Cette nouvelle consigne orientera le jeu vers des déplacements plus nombreux mais aussi plus variés (il faudra éviter les autres papillons, donc changer de direction, esquiver, reculer peut-être, tourner...).
Le maître pourra même imaginer un aménagement du milieu qui provoquera des contournements d'obstacles (ex. : des chaises, des bancs, des tables...), des reptations (passer sous un pont formé par une latte posée sur deux chaises). Les enfants devront alors prendre des informations variées pour piloter efficacement leur corps et enchaîner différentes actions.

– *Le facteur temps :* en proposant une musique plus rapide ou plus lente, en alternant rythmes binaire et ternaire, les papillons devront ajuster leurs déplacements et leurs comportements. Accélérations, ralentissements, arrêts peuvent animer la promenade du papillon et rendre les enfants sensibles aux variations temporelles.

– *Le facteur corporel :* utiliser une seule main pour faire le papillon, les deux mains, faire deux papillons (une main pour chaque papillon) ou être soi-même le papillon (c'est-à-dire utiliser tout le corps pour jouer le papillon) sont autant d'exigences, d'orientations qui obligeront les enfants à de nouvelles coordinations, de nouveaux appuis, de nouveaux équilibres.

– *Le facteur objet :* utiliser un petit mouchoir ou un grand foulard pour représenter le papillon rendra les enfants sensibles aux effets visuels aériens de l'objet, et les amènera à rechercher et à exploiter des effets esthétiques. Leurs gestes deviendront plus amples. L'objet a donc deux intérêts : il favorise, souligne le trajet, l'action, mais il oblige l'enfant à s'adapter à lui, à ajuster son comportement à la fluidité du foulard par exemple.

– *Le facteur « les autres » :* raconter une histoire avec plusieurs papillons, jouer avec un autre papillon permettra aux enfants de coopérer, de s'opposer (même symboliquement et c'est important), de se situer dans une microsociété, d'asseoir un statut, de se faire reconnaître.

La conduite pédagogique

Quel que soit le niveau concerné : maternelle ou cours moyen, les tâches prescrites en expression corporelle sont identiques dans l'organisation. Ce qui diffère c'est le langage, la formulation de la consigne qui, elle, doit être adaptée au public concerné.

L'attitude du maître est essentielle. Il crée un certain climat qui sera ou non propice à la production. Déterminer par des mots la « bonne » attitude est impossible. C'est une question d'investissement personnel, d'empathie, d'écoute, d'organisation, d'imagination... Le meneur questionne, encourage, participe. Cette participation n'est pas toujours une obligation, car il faut aussi se dégager de l'action pour observer les enfants.

L'organisation doit être rigoureuse, la tâche rapidement proposée. La verbalisation, quand elle est nécessaire ou préconisée, peut être immédiate (sitôt la situation réalisée) ou différée. Les dessins sont aussi des auxiliaires précieux pour traduire ce que l'on vient de vivre.
Proposer la situation, relancer et conseiller techniquement s'il y a lieu, évaluer sont les impératifs pédagogiques du maître. Précisons toutefois que l'évaluation, en expression corporelle, se définit en termes de juste, ou d'incomplet par rapport à un projet expressif déterminé, et non en termes de beau, laid, mal, faux... La production doit être exigée chaque fois que l'occasion se présente.

Tous les enfants ne peuvent présenter leur travail à chaque séance. Le faire mobiliserait tout l'horaire imparti à l'éducation physique ! Cependant, montrer ce que l'on a fait est primordial pour l'enfant. C'est la minute de vérité, l'inscription dans le temps et l'espace d'une trace. Les

enfants, dans cette circonstance, affichent leur « self-control », car montrer, c'est aussi affronter le regard d'autrui.
Après les trois coups, comme au théâtre, vient le rituel du spectacle : les enfants s'imposent comme artistes. Si le maître insiste sur la production, il peut, cependant, reconnaître que pour telle ou telle tâche certains enfants n'ont rien à dire, ou rien envie de dire. Dans ce cas, ils s'assoient et regardent leurs camarades.
La musique, quand elle est mentionnée, est le plus souvent une musique d'ambiance destinée à créer un environnement sonore évocateur. Le titre et l'ambiance du morceau sont parfois précisés, mais ces musiques restent avant tout liées à un choix du maître.

1

Les sorciers

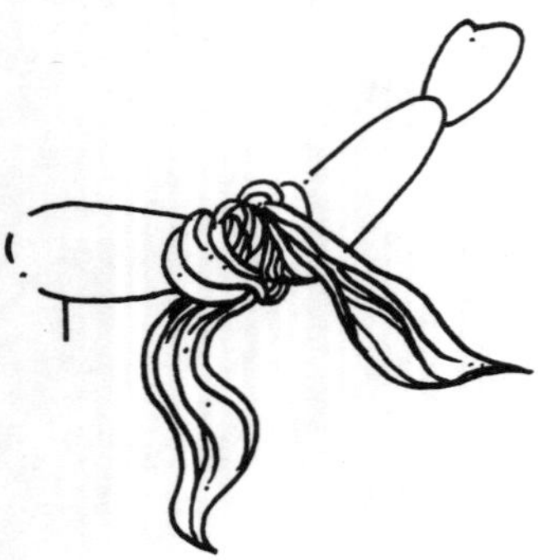

Description Les enfants se déplacent dans un espace clairement délimité (un gymnase, une cour, une salle). Deux ou trois « sorciers » (leur nombre dépend de l'importance du groupe) poursuivent les autres joueurs. Ces sorciers se distinguent par un foulard accroché au bras, ou par un dossard de couleur. Les joueurs touchés par les sorciers sont transformés en « statues » à l'endroit où ils ont été touchés. Ils restent debout immobiles, jambes écartées.
Les joueurs qui n'ont pas encore été touchés peuvent délivrer leurs camarades. Pour cela, ils doivent passer en rampant entre les jambes des statues, sous le pont. [1]

Objectifs Sollicitation cardiaque et pulmonaire. Prise d'information variée : voir tous les joueurs et le champ de jeu. Variété et intensité des déplacements : esquiver, contourner, alterner arrêts et déplacements. Elaboration d'une tactique pour délivrer les statues. Pour les sorciers, conception de stratégies pour statufier le plus rapidement possible les autres joueurs.

Observations Ce jeu, également connu des enfants sous le nom de « la puce », oblige à un ajustement constant des déplacements. L'espace de jeu étant très encombré et les obstacles mobiles, il demande de la part des enfants beaucoup de disponibilité, exige d'eux le traitement de données multiples : situer, localiser les sorciers tout en tenant compte des autres joueurs qui évoluent et des statues à délivrer. L'enchaînement d'actions — courir, s'accroupir, ramper, se relever — sollicite l'équilibre des enfants. Le danger permanent représenté par les sorciers impose enfin une grande rapidité de mouvement.

Niveau CE-CM.

Tâche 1 Les joueurs touchés doivent adopter une forme corporelle autre que la forme précédente (debout, jambes écartées). Les « délivreurs » doivent passer sous le nouveau pont.

Exemples :
- à quatre pattes, visage vers le sol, il faut passer sous le ventre de la statue ;
- à quatre pattes, visage vers le ciel, il faut passer sous le dos de la statue ;
- avec trois appuis : deux jambes et un bras, sur le flanc, il faut passer sous les côtes de la statue.

Objectifs Sollicitation de l'imagination des joueurs pris pour la constitution des ponts. Maîtrise de l'équilibre pour la statue qui doit conserver son attitude jusqu'à une hypothétique délivrance.

Observations Exiger de la part des joueurs qui ne sont pas encore pris et des poursuivants qu'ils évitent les ponts : interdiction de passer au-dessus !

1. Jeu traditionnel.

2

Les savants

Matériel Musique « Pop Corn ».

Description Jeu dérivé du jeu des sorciers. Deux ou trois « savants » sont les poursuivants. Ils sont opposés aux autres joueurs. Quand les savants touchent un joueur, celui-ci devient un « robot » ; il pourra toujours se déplacer mais avec des mouvements saccadés, caractéristiques des robots : déplacements brusques, et dans des directions les plus variées possible.

Objectifs Passer d'un déplacement fluide, sautillés ou course par exemple, à une rigidité des comportements (robot). Les déplacements des joueurs doivent être variés, précis, rapides, puisque les joueurs touchés continuent à évoluer dans le champ du jeu et font figure d'obstacles mobiles.
Les joueurs non touchés ont des informations variées et multiples à décoder pour décider de leurs déplacements. Chacun doit s'adapter aux déplacements de tous les autres. Il y a opposition, mais il peut y avoir aussi collaboration, cohabitation entre les joueurs.

Niveau CP.

Tâche 1 Les robots deviennent les auxiliaires des savants. Ils ont un contact physique — volontaire ou non — avec des joueurs non touchés. Au cours de leurs déplacements, ces derniers joueurs deviendront robots également. Le jeu se terminera quand tous les joueurs auront été transformés en robots.

Observations Cette tâche présente une certaine ambiguïté. En effet, les robots peuvent pleinement remplir leur fonction d'assistant du savant, c'est-à-dire collaborer, ou au contraire résister, c'est-à-dire éviter délibérément de toucher les joueurs ou passer de l'une à l'autre des attitudes en fonction des joueurs rencontrés.

Le robot a donc une grande liberté d'action: il peut éviter les autres joueurs, il peut toucher un joueur non pris qui passe à proximité, il peut décider seul ou avec l'aide d'un autre robot de poursuivre et de bloquer un joueur non encore pris.

3

Les chasseurs

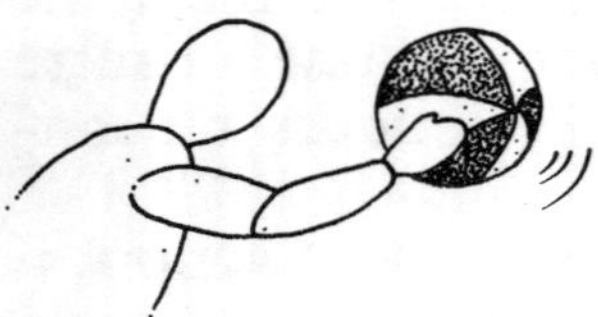

Matériel Musique « Age Tendre », de Francis Lai, ballons.

Description Les « chasseurs » (pour cinq ou six joueurs) sont équipés de ballons en guise de fusils. Les autres joueurs, les « lapins », se déplacent librement en suivant au choix le tempo ou le rythme de la musique. Les chasseurs se déplacent eux aussi, en dribblant ou en jonglant avec leur ballon. C'est la trêve !
A l'arrêt de la musique, les chasseurs essaient de toucher les lapins avec le ballon. Les lapins pris s'immobilisent. A la reprise de la musique, les lapins touchés dansent sur place au lieu de se déplacer et les chasseurs reprennent leurs évolutions avec leur ballon, mais ne peuvent plus toucher les autres lapins.

Objectifs Accorder ses déplacements à la musique. Être attentif aux changements de situation : passer d'une attitude décontractée à une attitude vigilante. Pour les chasseurs, quand les hostilités sont ouvertes, lancer le ballon avec précision. Pout tous les joueurs, on retrouve des impératifs de maîtrise des déplacements : ceux-ci doivent être variés et rapides pour être efficaces.

Niveau CE-CM.

Observations Laisser une plage musicale suffisamment longue pour éviter d'emblée des comportements d'esquive, puis alterner les moments longs et courts.
Le jeu de poursuite est très motivant et souvent, à la reprise de la musique, les enfants ont du mal à retrouver leur attitude première : se déplacer en rythme.

Tâche 1 Les lapins touchés dessinent avec leurs bras la « bulle » c'est-à-dire l'espace proche qui leur est accessible, la « maison » qu'ils habitent (mais sans déplacer les pieds) à la reprise de la musique.

Objectifs Localisation de l'espace proche, accessible dans toutes les directions : haut, bas, avant, arrière, obliques, à droite, à gauche...

Observations Les enfants ont tendance à se cantonner à l'espace visuellement accessible, devant eux. Le maître peut, alors, rajouter la consigne d'exploitation de l'espace arrière et faire noter la possibilité qu'ont les genoux de se fléchir, le buste de se tourner.

4

La fée

Matériel Musique « Age Tendre » ou musique gaie et entraînante.

Description Les enfants évoluent librement dans la salle en essayant de suivre le tempo de la musique. A l'arrêt de la musique, ils s'arrêtent. La « fée » (la maîtresse) touche un enfant en lui glissant une consigne à l'oreille. Ces consignes auront un lien avec le vécu des enfants ou leurs références télévisuelles. Exemples : « tu es gonflé d'air », « tu as des vêtements trop grands », « tu es une grenouille », « tu es un kangourou », « tu es une bulle d'air », « tu es Mickey », « tu es Goldorak »...
L'enfant traduit par ses gestes et ses déplacements la consigne donnée par la fée. Celle-ci remet la musique et les enfant touchés continuent à respecter la consigne donnée en tenant compte de la contrainte musicale. Les enfants qui n'ont pas encore été touchés évoluent librement. Nouvel arrêt de la musique, nouveaux enfants touchés... Le jeu continue jusqu'à ce que tous les enfants aient reçu une consigne.

Objectifs Ajuster un comportement à une consigne. Adapter une nouvelle forme de déplacement au tempo de la musique (après la consigne et à la reprise de la musique). Se déplacer dans un milieu encombré.

Niveau Maternelle.

Observations Ce jeu est très apprécié des jeunes enfants. Le contact, la touche que réalise la fée est un moment qu'ils espèrent et redoutent à la fois : espéré par les uns au point qu'ils ne quittent pas la fée d'une semelle pour qu'elle les touche dès l'arrêt de la musique, redouté par les autres qui se tiennent toujours à distance respectable quand ils ne hurlent pas à son approche.
Le contact est ressenti comme une « mort symbolique », une contrainte à l'immobilité et une contrainte ultérieure de déplacement ; mais c'est aussi l'occasion pour l'enfant d'être « individualisé », appréhendé dans son originalité et son unicité par le maître. Ce contact lui autorise, à la seconde précise où il a lieu, un rapport privilégié avec l'adulte.
Il faudra rapidement remplacer la fée par un ou plusieurs autres enfants.

Tâche 1 Exploitation de ce jeu pour des enfants plus âgés.
Les enfants sont par deux : un numéro 1 et un numéro 2. Tous les enfants qui portent le numéro 1 réalisent le jeu précédent et les numéros 2 observent : ils doivent pouvoir reconnaître la consigne, le personnage.

Objectif Comportements plus précis des joueurs numéros 1.

Niveau CE-CM.

Tâche 2 Une demi-classe agit. L'autre demi-classe observe. Le meneur donne la même consigne à deux ou plusieurs joueurs. La demi-classe qui observe doit être capable de retrouver les différentes consignes et le nombre de joueurs auxquels ces consignes avaient été données.
Exemple : pour une demi-classe de 30 élèves, trois consignes différentes données à cinq enfants : « Tu es Charlot » / « Tu es Rambo » / « Tu es Zorro ».

Objectifs Précision des comportements des acteurs. Affinement de l'observation, discernement (entre les différentes traductions-interprétations d'une même consigne et leurs points communs).

5

Mimes individuels

1 *Jeu des métiers*

Description Les enfants sont par petits groupes de cinq ou six. Un enfant qui a en tête un métier le mime devant ses camarades.

Objectifs Dissociation segmentaire. Pouvoir reproduire une action, donc avoir intériorisé des éléments caractéristiques d'une profession.

Niveau Maternelle → CM.

Observations Le maître peut remplacer les métiers par des sports, des personnages de dessins animés ou de contes connus, des animaux, des actions, des verbes...
Les jeux de mime sont toujours très prisés des enfants. Ils permettent à l'adulte de situer leur niveau de compréhension, de noter les éléments caractéristiques que les enfants retiennent pour se faire comprendre des autres.

2 *Jeu des ambassadeurs*

Description Plusieurs équipes sont constituées et placées chacune dans un des coins de la salle. Le maître a une liste de mots par équipe, que celles-ci devront découvrir peu à peu. Chaque équipe délègue un ambassadeur auprès du meneur. Celui-ci confie le premier mot de la liste à chacun des ambassadeurs. Chaque diplomate retourne auprès de son équipe et mime le mot qui lui a été confié. Dès la découverte du mot, un membre de l'équipe le note et celui qui a trouvé le mot retourne près du meneur qui lui confie le deuxième mot, etc... L'équipe qui découvre la première sa liste complète a gagné. Pour éviter les infractions à la règle (Ex. : dire le mot oralement), un contrôleur d'une autre équipe est nommé.

Objectifs Affiner son geste pour faciliter la compréhension. L'exigence de la liste oblige chaque jeune mime à une grande rapidité d'exécution.

3 *Les étiquettes*

Matériel Feuilles de papier individuelles et trombones.

Description A chaque enfant, le maître attribue une étiquette qu'il fixe dans son dos, sans la montrer. Sur cette étiquette, le maître a écrit un mot (niveau CP-CM), ou dessiné un objet connu des enfants (niveau maternelle). Quand tous les enfants ont reçu leur étiquette, ils se dispersent dans la salle et vont à la rencontre d'un enfant de leur choix. Celui-ci regarde, lit ce qui est inscrit sur l'étiquette de son vis-à-vis et lui mime ce qui lui semble correspondre à l'inscription. Puis les enfants se séparent et vont à la rencontre d'un nouveau vis-à-vis, ainsi de suite jusqu'à ce que chaque enfant ait rencontré cinq ou six autres enfants. Il doit donc avoir, à ce moment du jeu, une idée assez précise du mot ou du dessin affiché derrière son dos : il vient alors mimer devant ses camarades le mot qu'il croit avoir deviné.

Objectifs Imagination pour les représentations. Déduction, observation, synthèse pour l'enfant qui essaie de trouver la signification de son étiquette.

Niveau Maternelle → CM en adaptant le contenu des étiquettes.

Observations Dans un cours préparatoire, en début d'année, les mots connus étaient, pêle-mêle : *chemise, vole, pipe, court, déchire, bulle, colère, machine, dort, voit, oreilles, lit, savon, pyjama, cache, rentre, terrier, lève*. Ces mots étaient écrits sur les étiquettes avec des lettres plus petites qu'à l'habitude.
Dans un premier temps, en grand groupe, le maître a montré chaque étiquette l'une après l'autre et a demandé aux enfants les différentes façons de représenter les mots avec leur corps en soulignant l'interdiction d'utiliser sa bouche.
Dans un second temps, chacun a reçu son étiquette et le jeu a commencé. Il a permis de noter une certaine finesse d'observation et une grande variété d'interprétation chez les enfants.
Par ailleurs, les exploitations de ce jeu sont nombreuses en lecture : après des verbes d'action simples et des mots usuels, le maître peut s'orienter vers des mots de plus en plus abstraits.

6

Mimes à deux

1 *Jeu des proverbes*

Description Les enfants sont deux par deux. Le maître leur cite un proverbe, qu'ils doivent mimer. Ce proverbe peut aussi être tiré au sort, dans une corbeille, par les différentes équipes, ou encore être cherché dans le dictionnaire.

Objectifs Trouver une production signifiante à deux, donc collaborer. Ajuster ses actions à celles du partenaire et au message transmis.

Niveau CM.

Observations Les proverbes peuvent être mimés au sens littéral et au sens figuré.
Exemples de proverbes exploitables : «*Rien ne sert de courir, il faut partir à point*», «*L'appétit vient en mangeant*», «*Les cordonniers sont les plus mal chaussés*», «*L'habit ne fait pas le moine*», «*Il n'y a pas de fumée sans feu*», «*Qui s'y frotte s'y pique*», «*Tel est pris qui croyait prendre*», «*Une hirondelle ne fait pas le printemps*», «*Pierre qui roule n'amasse pas mousse*»... Pour faciliter la tâche des enfants, on pourra faire précéder le jeu d'une explication des différents niveaux de sens des proverbes.

2 *Les complémentaires*

Description Les enfants reçoivent chacun un papier avec une indication de personnage et d'action à réaliser. Au papier numéro 1 (ex : « le dompteur qui dresse un lion ») correspond un autre papier, numéro 2 (« le lion dans la cage »). Les papiers n°s 1 et 2 sont distribués à des enfants différents.

Chacun prépare ensuite son mime dans son coin. Après quelques minutes, un numéro 1 fait son mime devant tous les enfants ; le numéro 2 qui se sent concerné vient alors compléter le mime du n° 1.

Quelques exemples :

1	2
Les sports	
– Le goal de Handball qui arrête le ballon.	– L'attaquant qui tire au but.
– Le joueur de boxe qui dispute un match.	– Le joueur de boxe qui reçoit un coup.
Les métiers	
– Le commerçant qui vend des vêtements.	– La cliente qui hésite sur le chemisier qu'elle veut acheter.
La famille	
– La mère qui surveille les devoirs du petit.	– Le petit qui peine sur ses devoirs de classe.
– Le père qui apprend à son fils à bricoler.	– L'enfant qui apprend à enfoncer un clou.
L'école	
– Le maître d'école qui explique un problème.	– L'enfant qui chahute au fond de la classe.

Niveau CM (le jeu peut toutefois être abordé aux niveaux précédents, avec des complémentaires très évidents).[1]

Objectifs Par rapport au jeu précédent, les complémentaires obligent les enfants qui ont les numéros 2 à improviser en fonction des productions des numéros 1. L'adaptation à l'autre doit être immédiate et la cohérence des deux productions évidente pour la compréhension des complémentaires.

1. Pour d'autres idées de mimes, consulter *Jeux de mimes*, d'E. LIMBOS, Fleurus Idées, Série 100**, Paris, 1979.

7

Le metteur en scène

Description Les enfants jouent par équipe : un metteur en scène et un acteur. Le metteur en scène dirige l'acteur. Ce dernier doit suivre scrupuleusement les indications du metteur en scène pour réaliser corporellement un scénario du début à la fin, avec ou sans paroles.

Objectifs Confiance réciproque entre les deux joueurs. Pour le metteur en scène, concevoir une direction d'acteur ; veiller, pour une bonne exécution de la scène, à donner les mots les plus justes, à faire les démonstrations les plus fines.

Niveau CE-CM. Au CP, on peut proposer de petites poésies.

Objectifs Le maître met à la disposition des enfants une série d'histoires courtes, de fables, ou de petits contes. Il peut aussi proposer trois corbeilles :

– l'une contient des lieux familiers : l'école, la maison, la boulangerie ; des lieux plus *insolites* : une caverne, un parking, un bowling, la patinoire, le cinéma, un arbre, un château-fort...

– l'autre contient des *personnages mythiques* : la fée, le magicien ; *historiques* : le chevalier... ; *familiers* : la maman, le maître... ; des *« héros » télévisuels* : l'inspecteur Colombo, Zorro...

– la troisième contient des *époques* : Préhistoire, Moyen-Age, époque contemporaine, XXIe siècle...

Les metteurs en scène peuvent puiser dans l'une des corbeilles ou dans les trois. Si les enfants n'ont aucune idée, le maître leur propose quelques petits scénarios tout faits, pour éviter qu'ils ne se sentent en situation d'échec.

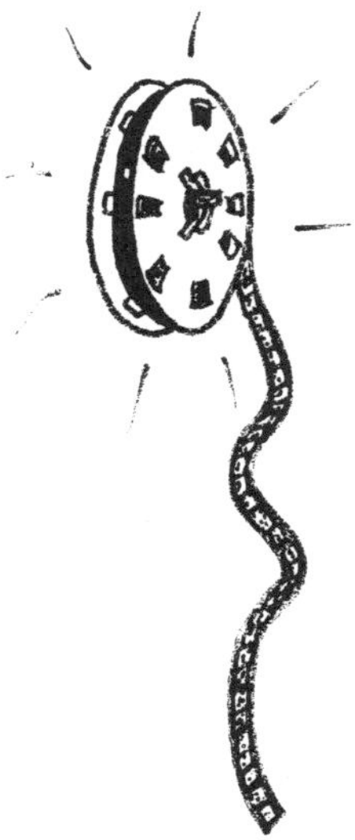

Utiliser l'autre, l'acteur, comme reflet de soi est sécurisant pour le metteur en scène, et lui donne un réel pouvoir. L'acteur, lui, moins investi affectivement (il n'a pas à prendre les décisions), peut s'autoriser certaines actions puisqu'elles lui sont imposées par le metteur en scène.

Observer les interactions metteur en scène / acteur est intéressant pour le maître. Il peut noter de réelles discussions entre l'acteur et le metteur en scène, l'un mettant en cause ce que l'autre préconise. Dans certains couples d'enfants, il y a au contraire totale dépendance et soumission de l'acteur au metteur en scène.

Tâche 1 Le metteur en scène dirige plusieurs acteurs à la fois. Pour se faire comprendre, il utilise le langage, les manipulations, voire les démonstrations. Quand le scénario est au point, le metteur en scène donne des consignes du type : reprendre la scène rapidement (on va tourner le film en accéléré) ; la reprendre lentement (on tourne le film au ralenti), puis tendrement, gaiement...

Observations La consigne est souvent limitée à une action. Exécuter toute la scène rapidement ou au ralenti est difficile. Cela permet cependant de travailler les appuis, les équilibres, la maîtrise des gestes. Les scènes exprimant un sentiment sont à travailler spécifiquement.

8

Le masque facial

Description Exprimer différents sentiments, impressions, mots, uniquement avec et par le visage. S'exercer à utiliser différents muscles du visage pour extérioriser des sentiments.[1]

Objectifs Dissociation segmentaire. Travailler la disponibilité corporelle, la mobilité du visage. Nuancer les expressions du visage.

Niveau De la maternelle au CM.

Tâche 1 Tous les enfants sont face à une grande glace. Chacun doit pouvoir se voir. Le maître émet une série d'injonctions : « Tu es gai, triste, écœuré, grimaçant, perplexe, gourmand, en colère, tu demandes quelque chose, tu es étonné, tu as peur... »

Observations Pour obtenir une mobilité accrue du visage et passer d'une expression à une autre, le maître accélère les ordres.
En maternelle, les expressions demandées sont limitées et doivent être très contrastées (« tu es triste, gai, en colère »). Les enfants ont, bien souvent, du mal à limiter l'expression au visage : les mains et les épaules viennent renforcer l'expression. Progressivement, avec des enfants plus âgés, on peut leur demander de garder les mains derrière le dos. La glace collective permet à chacun un autocontrôle. Chaque enfant peut aussi observer ses camarades et constater les nuances de chaque expression.
Au CM, ce jeu peut être l'occasion d'aborder des mots plus complexes.

Tâche 2 Les enfants sont deux par deux, face à face : un enfant donne des ordres à son vis-à-vis. Celui-ci s'exécute.

Niveau CP → CM.

Objectifs Utiliser un vocabulaire précis pour celui qui donne des ordres. Constater l'expression adoptée par celui qui obéit et éventuellement noter des décalages entre l'expression du vis-à-vis et l'expression imaginée par celui qui donne les ordres.

Observations Certains enfants sont surpris par la réponse de leur vis-à-vis. Parfois ils acquièscent (« Oui, c'est ça ! ») ou contestent (« Non, c'est pas comme ça ! »). Il est intéressant dans ce cas de leur demander comment ils imaginaient l'interprétation du mot et ce qui diffère dans l'interprétation de leur vis-à-vis.

Tâche 3 Deux par deux, face à face. Un enfant prend une expression, l'autre propose l'adjectif qui lui semble correspondre.

Objectifs Observation fine pour celui qui doit deviner. Association d'une image à un adjectif.

Niveau CM.

Observations Tâche difficile pour celui qui devine dès lors que celui qui adopte une expression abandonne les adjectifs « triste, gai, en colère... » et opte pour des nuances telles que « rêveur, réservé... ». La situation, par les jeux de physionomie qu'elle offre, plaît beaucoup aux enfants.
Il est à noter que cette tâche développe et requiert des compétences envisagées et répétées dans la tâche 2. En cas de difficulté notoire dans cette tâche, il est recommandé de reprendre la tâche précédente. Cette dernière permet à l'acteur d'avoir une certaine expérience et « d'emmagasiner » des correspondances mot-expression.

1. Jeu inspiré des jeux d'échauffement des « Théâtreux » (Augusto Boal).

9

Le papillon

Matériel Musique « Éveil pour une escapade », Atmosphères. Prétextes musicaux pour l'expression corporelle ou musique d'ambiance, aérienne...

Description Chaque enfant est assis dans la salle suffisamment éloigné des autres pour pouvoir bouger sans toucher ses camarades. Après une première écoute, le maître explique aux enfants que chacune de leurs mains est un papillon et qu'ils vont faire bouger ces deux papillons dans l'espace, sans se lever. Les papillons évoluent devant, derrière, au-dessus, à droite, à gauche des enfants, parfois ensemble, parfois séparés.
Pour solliciter l'imagination des enfants, le maître peut raconter une histoire : « Les papillons font connaissance, ils comparent leurs ailes, ils s'amusent, jouent à cache-cache, l'un s'est posé sur le dos de l'enfant, l'autre le cherche. Ça y est ! Ils se sont retrouvés... » Mais les enfants trouvent aussi des idées tout seuls. Ainsi en maternelle : « Ils pourraient se marier sur une feuille, s'embrasser... »

Objectifs Mobilité des poignets (dissociation segmentaire). Appropriation de l'espace proche (accessible à l'enfant avec ses bras) et utilisation préférentielle des membres supérieurs (les bras), dans des directions variées.

Niveau Maternelle → CP.

Tâche 1 Les enfants sont deux par deux. Le premier enfant joue avec ses papillons, mais il peut aussi décider de n'avoir qu'un seul papillon. Selon les cas, il utilisera ses deux mains, ou une seule. Il peut aussi utiliser tout son corps pour être le papillon.
Le deuxième enfant représente un arbre. Cet arbre peut être un arbre creux, sans branches ; l'enfant sera alors au sol et utilise trois appuis : deux jambes et une main. L'arbre peut être également vivace, ses branches étant agitées par le vent ; l'enfant sera alors debout, jambes écartées, et bougera les bras.
Le papillon va se promener tout autour de l'arbre, se poser sur la cime (mot à expliquer), se cacher dans le trou. Changer de rôle quand l'exploration est achevée.
Les papillons peuvent aussi quitter leur arbre et aller à la découverte de toute la forêt. Il se forme ainsi une colonie de papillons-danseurs qui vont inventer une danse en allant d'arbre en arbre.

Tâche 2 La forêt où évoluent les papillons est magique : les arbres prennent différentes formes et se déplacent. Un collectionneur de papillons arrive…

Observations Ce jeu fait pratiquer aux enfants des reptations (passer dans les trous de l'arbre), des élévations (essayer de se poser sur la cime), des courses, des appuis et équilibres variés ainsi que des combinaisons et enchaînements d'actions plus ou moins complexes.
La musique est une réelle incitation au calme pour l'enfant qui joue l'arbre et ne se déplace donc pas. Les enfants-papillons, eux, sont tellement captivés par leurs propres évolutions qu'ils en oublient souvent de respecter le rythme musical. Quelques brefs arrêts de la musique de fond leur permettent d'en reprendre conscience.

10

Les siamois

Matériel Musique douce (harpe, par exemple); balles de tennis.

Description Les enfants sont par deux, face à face et maintiennent entre eux, à bout de bras, deux balles de tennis qui les relient. Les balles ne sont pas agrippées, mais doivent tenir par simple pression des joueurs. En musique, les enfants devront faire danser les bras sans faire tomber les balles. On peut prendre des risques et se pencher en avant, arrière. Au départ, les deux danseurs sont assis ou accroupis, peu à peu ils se lèvent, tournent sur eux-mêmes.

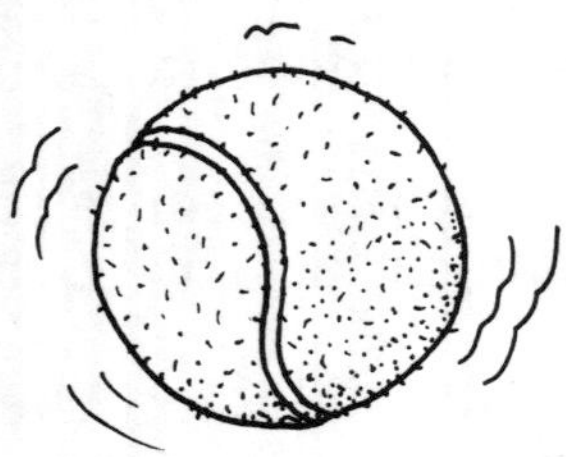

Niveau Maternelle (avec de gros ballons) → CM.

Objectifs Utilisation des différents plans de l'espace et des bras. Exercice de confiance: sentir les injonctions du partenaire, ou au contraire prendre l'initiative des trajets.

Tâche 1 Un enfant est le guide: il a les yeux ouverts, le vis-à-vis se laisse diriger, les yeux fermés pour être sensible à la musique et aux propositions du leader (plus de concentration et abstraction du monde extérieur visible). Échanger les rôles.

Tâche 2 Les deux enfants ont, tous deux, les yeux fermés et sont sensibles aux prises de commandement successives, en essayant de varier les positions : debout, assis, accroupi, l'un allongé, l'autre assis, etc...

Tâche 3 Les balles de tennis sont remplacées par des bâtonnets longs et fins, tenus entre les majeurs ou par un seul doigt (celui-ci peut changer selon les évolutions). La préhension est donc plus fine.

Tâche 4 On modifie le contact : il n'y a plus désormais qu'une seule balle, qui sera maintenue cette fois par les dos des danseurs. Ceux-ci se déplaceront en faisant passer la balle des dos à un contact tête pour l'un et épaule pour l'autre, ce qui fait évoluer le jeu vers un exercice de danse-contact.

Observations En maternelle, la prise de l'objet médiateur ne doit pas poser de problèmes. Les accessoires utilisés permettent une distance, tout en favorisant la proximité des évolutions. De plus les enfants sont surtout attachés à ne pas faire tomber les balles et sont plus sensibles à leur partenaire. Si le maître veut obtenir des déplacements ou progresser vers la danse-contact, on peut supprimer les accessoires.

11

Les marionnettes

Matériel Musique d'ambiance, douce; fil de laine: deux brins par couple d'enfants.

Description Les enfants sont deux par deux: une marionnette tenue par des fils de laine accrochés aux mains d'un marionnettiste.

Niveau Maternelle → CM.

Objectifs Dissociation segmentaire. Travail de mime, de décomposition des gestes pour les rendre compréhensibles. Pour le marionnettiste, faire correspondre ses intentions aux gestes qu'il imprime à la marionnette (difficulté de transposition). Pour l'enfant qui joue le rôle de la marionnette, ne pas anticiper et faire confiance au manipulateur, être relâché et disponible pour suivre les suggestions du meneur.

Tâche 1 Sur une musique d'ambiance, les deux danseurs évoluent en tenant compte des liens et de la nécessité de les garder tendus pour se synchroniser. Tourner individuellement, ou les deux ensemble, reculer, avancer, fléchir un bras..., répertorier tous les déplacements possibles sans perdre les liens.
Si c'est possible, reprendre les évolutions les yeux fermés pour enrichir les sensations proprioceptives et kinesthésiques.

Observations La situation yeux fermés est vécue comme très relaxante.

Tâche 2 Le maître donne des consignes à tous les marionnettistes. Les marionnettes sont assises au sol, les marionnettistes, debout derrière elles, les manipulent (les fils de laine peuvent être remplacés par des cordelettes ou des lacets).
Exemples de consignes: « Vous lavez le bras droit de la marionnette », ... « elle se peigne », ... « elle se frotte la joue »...

Observations La connaissance du schéma corporel peut être approfondie de cette manière.

Tâche 3 Les enfants sont par groupes de quatre: deux marionnettistes et deux marionnettes. Le maître propose des thèmes. Par exemple: la toilette, le déjeuner, le bureau... Les enfants inventent un petit scénario sur le thème donné.

Objectifs Mise en scène d'un projet élaboré par les deux joueurs. Recherche d'un effet visuel, esthétique pour le ou les spectateurs, lié à la synchronisation des gestes des joueurs. Mémorisation de la succession des actions.

12

Les nœuds

Matériel Fils de laine (un par enfant) et musique d'ambiance.

Description Les enfants sont par groupes de trois ou quatre et forment une ronde. Ils sont reliés par des fils de laine dont ils tiennent l'extrémité. Le maître donne une consigne : « En maintenant les fils le plus tendus possible, vous allez vous emmêler au maximum, sans lâcher les fils et sans vous entourer le cou. Quand vous ne pourrez plus vous emmêler davantage, que vous serez très serrés, vous vous démêlerez pour retrouver la ronde de départ. »

Niveau CP → CM.

Objectifs Tenir compte du lien, des autres et créer des formes originales, collectivement.

Observations La tâche ainsi proposée au CP est difficile à réaliser avec les brins de laine. Avec des cordelettes offrant des prises plus aisées, la situation est plus abordable.

Au CM, la situation produit des effets visuels intéressants. Les enfants se concertent et « s'emmêlent » avec lenteur. au fur et à mesure des différentes tentatives, ils se rendent compte de la nécessité de bouger, chacun à leur tour ou tentent de se souvenir des trajets pour se « démêler plus facilement ». Cette situation les amène à passer au-dessus ou au-dessous des brins de laine, à tourner sur eux-mêmes.
Avec des liens de différentes couleurs, les enfants peuvent mémoriser et visualiser plus aisément les ordres de passage.

Evolution

Il y a toujours un enfant de la ronde au sol, mais ce n'est jamais le même.

13

Les machines

Description Par groupes de trois ou quatre, les enfants vont créer ensemble une machine imaginaire ; chaque joueur est une pièce, un rouage indispensable de la machine. Ces différentes pièces se complètent mais ne se touchent pas.

Niveau CE → CM.

Objectifs Produire un mécanisme collectif dans lequel chacun a une fonction. Dissociation segmentaire, collaboration.

Tâche 1 Seuls, sur une musique « mécanique » (Pop Corn) les joueurs produisent un mouvement répétitif avec un bras, deux bras, une jambe..., accompagné d'onomatopées.

Objectifs Associer un son à un geste, le reproduire identique à lui-même (tonus - énergie - espace - rythme).

Niveau Maternelle → CM.

Tâche 2 Sans musique, par petits groupes, les enfants créent une machine imaginaire. Le premier enfant se place dans une position de son choix et exécute un mouvement répétitif avec le bras, en émettant toujours le même son; un deuxième enfant va imbriquer son mouvement dans celui du premier, en émettant un son qui lui est propre, et ainsi de suite...

Observations Ne pas constituer de groupes trop nombreux car la synchronisation devient de plus en plus difficile à obtenir.

Tâche 3 Donner un sens à la machine, une expression, une finalité, une intention. Ex.: « la bicyclette infernale, la machine à donner des coups de pied, un avion magique, les machines interplanétaires, les animaux préhistoriques ». Le maître peut proposer un choix de thèmes ou imposer, par exemple « les animaux préhistoriques ».

Observations « Les animaux préhistoriques » fournissent un thème producteur de machines originales et esthétiques. Ce thème peut, par ailleurs, être l'objet de recherches spécifiques sur le plan graphique ou historique.

Tâche 4 Pour reprendre le jeu décrit par Augusto Boal dans *Jeux pour acteurs et non-acteurs*, le maître peut demander aux enfants de représenter corporellement l'histoire de la machine: celle-ci se monte peu à peu, s'accélère pour finir par l'explosion finale, la désintégration.

Observations Les effets visuels obtenus par ces différentes tâches sont très esthétiques. Ils suscitent la plupart du temps des rires chez les spectateurs, rires dus à la stéréotypie collective des comportements qui engendre des effets comiques.

14

Les ombres

Matériel Un projecteur (une source lumineuse), un drap ou un écran, musiques « gestes et musiques » (Revue EPS).

Objectifs Produire un effet voulu devant un projecteur. Affectivement, s'autoriser une production pour un spectateur. Jouer avec l'ombre.

Tâche 1 Utiliser une partie du corps seulement, les mains par exemple. Seul ou à plusieurs, faire bouger ses mains en accord avec la musique. Deux musiques très différentes peuvent être utilisées, par exemple « Le petit cowboy » et « L'apocalypse des animaux » (Vangelis). Les productions seront très différentes selon les climats sonores. La musique de style far-west incite à des rotations vives du poignet, à des flexions-extensions rapides des doigts... La musique de Vangelis amène des mouvements coulés, arrondis, ondulations du poignet et de la main.

Tâche 2 Le joueurs sont par deux, face à face, éloignés l'un de l'autre. La consigne est d'« inventer un dialogue de mains » en accord avec la musique.

Tâche 3 La production est étendue au corps entier. L'un après l'autre, les enfants passent entre le projecteur et l'écran en adoptant une démarche induite par le climat sonore.

Niveau Maternelle → CM.

Observations Une discussion peut être amorcée et développée entre les spectateurs et les acteurs : à chaque acteur derrière l'écran correspond un spectateur qui analyse l'effet produit. Après la production, le spectateur dit ce qu'il a vu et compare l'effet produit avec l'intention de l'acteur.
De nombreux enfants, timides et hésitants, ont éprouvé un réel plaisir à se manifester derrière le drap. L'écran est « sécurisant » : il met une distance entre le « voyeur » et le producteur. La production d'ombres peut aussi être l'objet d'expérimentations technologiques intéressantes.

Tâche 4 Imaginer un scénario à deux en complémentarité, simultanéité, alternance à partir de la musique proposée.

Observations La tâche n'occupant qu'un nombre limité d'acteurs, il faudra concevoir un travail par ateliers : graphisme, modelage.

15

L'oiseau en cage

Description Les joueurs sont par deux : un enfant est la cage, l'autre enfant est l'oiseau. L'oiseau est bloqué par la cage contre un appui, le mur par exemple. La cage doit laisser un peu d'air, un peu d'espace entre elle et l'oiseau. Elle place judicieusement ses bras, ses jambes, son corps pour rendre l'évasion de l'oiseau la plus difficile possible. Quand la cage s'est constituée autour de l'oiseau, le maître peut proposer une musique lente, d'ambiance. En accord avec la musique, l'oiseau va essayer de sortir de la cage sans toucher les barreaux.

Tâche 1 Les joueurs exécutent la consigne sur un plan vertical (contre un mur).

Observations Le jeu ne commence que lorsque les cages sont fixes. Les comportements des oiseaux dans cette situation sont variés. Si les nombreuses contorsions de l'oiseau cherchant une sortie créent des effets visuels intéressants, la nécessité pour l'oiseau d'élaborer rapidement des stratégies d'évasion offre une nouvelle dimension à la situation.

La situation à deux joueurs est cependant limitée. Il faut rapidement former des groupes de trois : deux joueurs pour la cage et un joueur pour l'oiseau. La sortie de l'oiseau devient plus problématique et les deux constituants de la cage doivent se concerter.

Niveau CP → CM.
Au CP, insister sur la fixité des cages. Au CM, autoriser, voire exiger trois formes différentes de cages, à trois signaux donnés par le maître (ex. : claquer dans les mains), avec toujours l'impératif d'espace entre la cage et l'oiseau.

Tâche 2 Même tâche dans un plan horizontal : au sol, l'oiseau prend une posture, la cage se construit au-dessus de lui et l'emprisonne. Par reptations, allongements, étirements, extensions, rétractions... l'oiseau essaie de sortir de la cage. Le jeu se termine quand l'oiseau a retrouvé sa position verticale hors de la cage.

Objectifs Pour la cage, concevoir des formes, des volumes le plus fermés possible (donc anticiper sur les trous exploitables par l'oiseau). Maintenir une attitude un certain temps. Pour l'oiseau, élaborer et suivre un plan d'évasion.

Tâche 3 A plusieurs, envisager un scénario avec un ou deux oiseaux emprisonnés dans une ou plusieurs cages, et quelques oiseaux libres qui vont aider, favoriser les évasions de leurs congénères. Les oiseaux libres ne peuvent toucher les cages.

Observations On notera des tentatives de construction de pyramides pour tenter des sorties aériennes.

16

L'aimant

Matériel Un grand foulard pour deux enfants, musique douce.

Description Se joue à deux. Un grand foulard recouvre un enfant au sol qui figure le morceau de fer. Le joueur debout est l'aimant. L'aimant, par un contact léger sur l'épaule, ou le coude du morceau de fer, essaie de le remonter en accord avec une musique lente (le « Canon de Pachelbel », par exemple).[1]

Niveau CP → CM.

Objectifs Dissociation segmentaire. Localiser chaque segment corporel (ex. : le poignet).

Tâche 1 L'aimant nomme la partie corporelle qu'il pense toucher. Progressivement, il est demandé à l'aimant d'affiner son contact : un doigt...

Observations Au CP, la situation est assez difficile. Il est intéressant d'apporter un aimant en classe, d'en faire comprendre les qualités, les caractéristiques.
La remontée que conduit l'« aimant », sur une musique lente, oblige le « morceau de fer » à conserver son équilibre dans des attitudes peu confortables. Au CP, on n'observe que des remontées directes. Dans ce cas, le maître peut demander des trajets plus longs, plus variés, sur des obliques.

Tâche 2 L'aimant, au moment où il le souhaite, peut supprimer volontairement son contact et le morceau de fer retombera au sol.

Objectifs Disponibilité du morceau de fer qui doit être à l'écoute des incitations de l'aimant. Alternance de contractions (remontée) et de relâchements (affaissement au sol), diversité des dynamismes.

Tâche 3 Varier les points de contact au cours de la remontée: passer du nez au coude droit, puis au dos, etc.

Objectifs Le passage de l'un des points de contact à l'autre permet une variété des trajets de remontée. La sollicitation de l'équilibre et de la dissociation segmentaire est importante pour l'enfant qui joue le morceau de fer.

Observations Plusieurs « morceaux de fer » répartis dans la salle et soumis aux influences de plusieurs « aimants » interchangeables permettent de créer une chorégraphie. La présence du foulard, s'il produit des effets visuels pour le spectateur, n'est cependant pas indispensable pour atteindre les objectifs.

17

Le sculpteur et la statue

Description Les joueurs sont par deux : un sculpteur et une statue. Le sculpteur est chargé de donner une posture originale à sa statue en la manipulant.

Tâche 1 Toutes les statues sont en station verticale, debout.

Objectifs Pour la statue, conserver une attitude. Accepter le contact de l'autre (le sculpteur) : situation de confiance. Pour le sculpteur, respecter la statue.

Niveau CP → CM.

Observations Le sculpteur manie sans hésitation les jambes, les bras, le buste, mais ne se permet pas de manipulations plus fines, comme les doigts, les paupières, la bouche.

Tâche 2 Varier la position de départ : la statue peut être assise, couchée, au sol.

Observations Cette situation, en permettant le contact sous certaines conditions, est vécue comme très relaxante par les enfants. Les préférences varient : pour les uns, être sculpteur offre davantage de pouvoir et est donc valorisant. Pour les autres, être manipulé en tant que statue, se mettre en situation de dépendance, est très agréable.

Tâche 3 Création d'un scénario collectif. Après un travail individuel de chaque sculpteur sur sa statue (en dispersion par couples), le maître matérialise un espace qui représentera le musée. Le maître demandera aux sculpteurs de collaborer pour transporter, sans les casser, les statues jusqu'au musée pour une exposition. Les formes des statues pendant le transport ne devront pas être modifiées. Les sculpteurs s'entraideront pour porter les statues et concevront une disposition des statues qui sera susceptible d'« impressionner » le spectateur (au niveau CM seulement : pas de porteurs trop jeunes).
Variante : Le maître peut imposer un thème pour l'exposition. Par exemple : le travail, les loisirs, les sports... Les sculpteurs devront, dans ce cas, respecter le thème et l'illustrer au travers de leur production.

Observations L'organisation de statues dans le musée est sujette à discussions entre les enfants. Les porters des statues imposent aux sculpteurs une réflexion et une coopération entre les artistes pour envisager et réaliser tous les transports avec économie et précaution.

18

Jeux de souffle

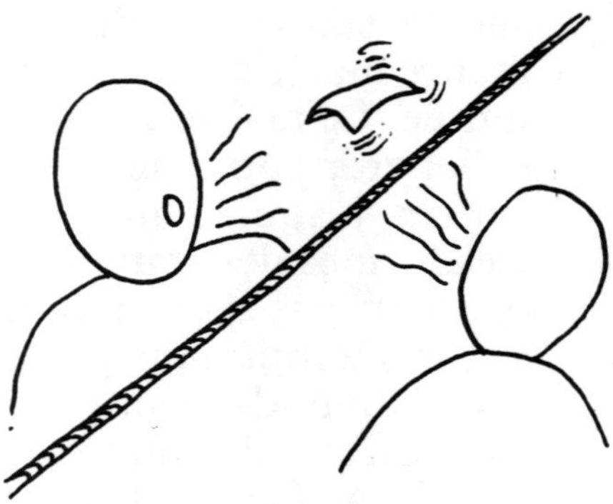

1 *Le poisson dans la poêle*

Description On découpe un poisson dans du papier. Une poêle est tracée à la craie à 3 ou 4 mètres. Il s'agit, sans toucher le poisson, uniquement avec le souffle, d'amener le poisson dans la poêle.

2 *Le match de volley*

Description Deux équipes, de part et d'autre d'un fil de laine tenu en hauteur par deux joueurs. Un papier à cigarette est envoyé en l'air. Chaque équipe essaie de la faire tomber dans le camp adverse, sans utiliser autre chose que le souffle.

3 *Le cercle*

Description Deux équipes dans un cercle tracé au sol, et un papier à cigarette. On donne le papier aux membres d'une équipe (x) qui essaient de maintenir le papier dans le cercle alors que les autres (o) essaient de faire sortir le papier hors du cercle (10 secondes).

4 *Conflit*

Description Par deux, face à face. L'un émet un son long continu que l'autre essaie d'entrecouper par des sons brefs.

5 *Les marches respirées*

Description – Marcher sur l'inspiration ; s'arrêter pour expirer puis repartir dans une autre direction.
– Marcher sur l'expiration ; s'arrêter pour inspirer.
– Marcher sur l'inspiration et marcher dans une autre direction sur l'expiration.

Niveau CM.

Observations Ces jeux de souffle ne doivent pas se prolonger car ils peuvent provoquer une hyperoxygénation.

19

Le photographe et la star

Description Les enfant sont par deux : un « photographe » et une « star ». Le photographe se tient à distance de la star. Par des consignes verbales précises, il essaie de faire adopter à la star telle ou telle attitude. Quand il a obtenu la posture souhaitée, il mime le déclic de la photo.

Niveau CP → CM.

Objectifs – Pour le photographe, avoir un vocabulaire adéquat, précis, en rapport avec ses intentions. Avoir de l'imagination dans les attitudes demandées, et parvenir à transposer sur la star les postures auxquelles il pense.

– Pour la star: comprendre et accepter les injonctions du photographe.

Tâche 1 Pour le photographe, faire 10 clichés différents, les plus originaux possibles.

Tâche 2 Le meneur impose un thème. Exemple: « un magazine lance une campagne de publicité sur la nourriture... il faut 10 clichés vantant les mérites des fruits. »

Tâche 3 Le maître propose une photo, découpée dans un magazine. Le photographe essaie de faire prendre la pose le plus rapidement possible à sa star. Celui qui est le plus véloce gagne un point. Reprise du jeu avec d'autres photos.

Objectifs Observer finement la photo-référence et trouver les consignes les plus précises à donner à la star.

Observations Avec de jeunes enfants, le thème aura été préalablement préparé avec le maître, de manière à leur donner le vocabulaire nécessaire pour effectuer les « prises de vue ».

20

L'adjectif qualificatif

Description Les joueurs sont par deux. Un joueur prend une posture et la conserve pendant quelques secondes. Son partenaire essaie d'énoncer un adjectif qui caractérise l'attitude adoptée. Le premier joueur n'a aucune intention particulière, il prend une position qu'il maintient.

Objectifs Traduire oralement pour l'observateur l'impression dégagée ou ressentie par la vision de la posture adoptée. Approcher par cette situation les différentes interprétations des observateurs, les projections qu'ils opèrent et les investissements personnels des enfants.

Niveau CM.

Observations Les enfants ont souvent des difficultés pour trouver des qualificatifs. Ils écrivent plus aisément une attitude : allongée, accroupie... Quelques-uns prennent en compte des détails de la posture (ex. : les poings fermés) ou l'expression du visage pour qualifier l'attitude de coléreuse, triste, déprimée... Dans un premier temps, autoriser la paraphrase pour qualifier l'attitude permettra des réponses plus variées. Un travail ultérieur, voire antérieur, de recherche sur les qualificatifs pourra orienter ce jeu vers d'autres directions.

Tâche 1 Le joueur n'a aucune intention, il adopte une posture neutre.

Tâche 2 Le joueur qui prend la position a une intention et il adopte la posture qui lui semble adéquate pour exprimer son idée. Exemple : il veut faire passer l'idée de « rêverie » ; il prend alors une position verticale, la tête légèrement inclinée vers l'arrière, les yeux levés, les mains derrière le dos... Le deuxième joueur l'observe et essaie de retrouver le qualificatif « rêveur ». Il ne doit pas donner plus de trois propositions de termes.

Objectifs Confronter les attitudes adoptées avec les intentions du preneur de poses et les qualificatifs que suggère sa position chez l'observateur.

Observations Ce jeu est proche du jeu du « masque facial » (nº 8) mais il intéresse l'ensemble du corps.

21

Qui suis-je ?

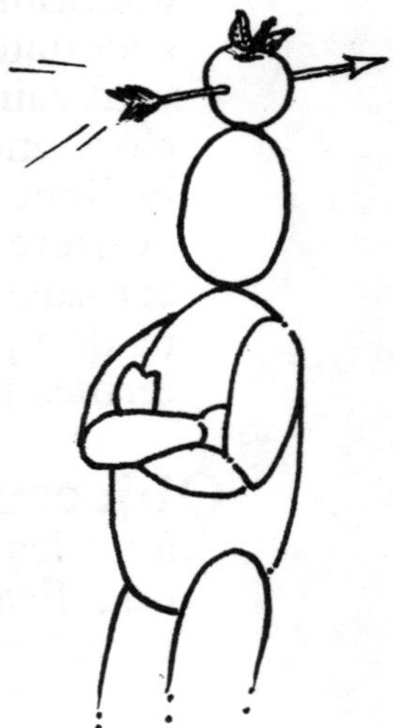

Description Course en dispersion des enfants dans la salle. Au signal du maître (qui frappe dans ses mains, par exemple) chaque enfant s'immobilise et adopte une posture qu'il conserve 10 à 20 secondes.

Pendant cet arrêt, le maître pose oralement trois questions : « Qui suis-je ? Que fais-je ? Où suis-je ? » La joueur conserve sa posture et essaie de répondre dans sa tête aux trois questions. Par exemple : « Je suis Guillaume Tell, dans un champ et je m'apprête à tirer à l'arc. » Le maître demande de reprendre la course en dispersion. Cette séquence est reprise une dizaine de fois pour varier les positions et permettre aux joueurs d'avoir des réponses de plus en plus rapides. A la fin du jeu, le maître demande à chaque joueur, s'il le souhaite, de présenter aux autres une des attitudes adoptées et d'expliciter son choix, afin que les spectateurs puissent confronter leurs suppositions avec la formulation du joueur.[1]

Objectifs Nourrir l'imaginaire de chacun. Partir d'une attitude et se laisser progressivement « habiter » par des sensations. Traduire ces impressions en intentions, en concepts. Accepter de produire devant autrui et de s'exprimer.

Niveau CP → CM.

Observations Cette situation requiert un niveau d'abstraction et de mémorisation qui la rend ardue pour de très jeunes enfants. Les postures adoptées font souvent référence aux camarades de classe (environnement proche et familier), aux « stars » de la télévision ou aux animaux.

1. Jeu d'échauffement des Théâtreux (Jacqueline Martin).

22

Suggestion

Matériel Musique d'ambiance, douce.

Description Les joueurs sont par deux. Un « magnétiseur » déplace sa main devant le visage de l'autre joueur. Celui-ci suit le mouvement aussi fidèlement que possible, de façon à maintenir constamment la même distance entre son visage et la main du « magnétiseur ». [1]

Niveau Maternelle → CM.

Objectifs – Pour le conducteur, obtenir des tracés les plus variés possible. Solliciter, exploiter toutes les dimensions de l'espace. Faire preuve d'imagination.
– Pour le suiveur, faire confiance au conducteur et répondre aux sollicitations.

Observations Le conducteur est souvent grisé par son pouvoir de décision. Il impose alors au suiveur des changements de rythme nombreux et difficiles à respecter. Il faut alors échanger les rôles et/ou faire remarquer au magnétiseur la nécessité de tenir compte du suiveur. La situation, si elle perdure, est éprouvante visuellement: fixer la main du magnétiseur est perturbant et exige une concentration oculaire importante.

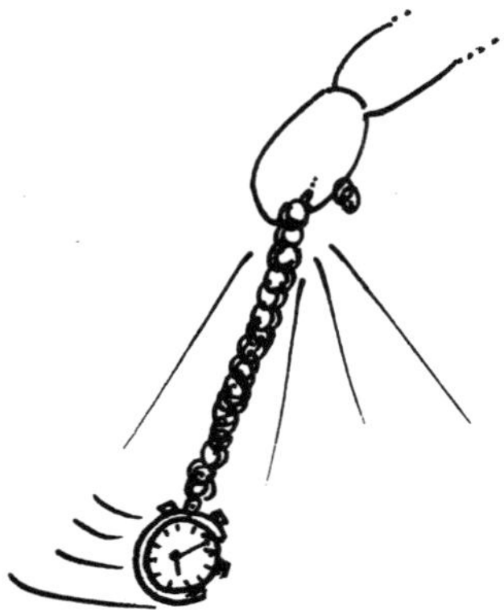

Tâche 1 Un conducteur et un suiveur.

Observations Les déplacements sont cantonnés à l'espace frontal du conducteur. Il faut imposer l'utilisation de l'espace arrière, et faire varier les trajectoires.

Tâche 2 Un conducteur et deux suiveurs. Chaque main dirige un suiveur. Les deux suiveurs ne doivent jamais se toucher, encore moins se percuter. Le conducteur est responsable de leur sécurité. Le maître peut imposer une opposition spatiale entre les suiveurs quand l'un est debout, l'autre au sol...

Objectifs Dissociation segmentaire.

Tâche 3 Quand un conducteur rencontre un autre conducteur, ils échangent un ou les deux suiveurs.

Tâche 4 Pour perfectionner les trajets frontaux, on peut imaginer par exemple une vitre matérialisée par une ligne au sol. D'un côté de la vitre, le conducteur dirige les deux suiveurs, placés eux de l'autre côté de la vitre.

1. Jeu inspiré du jeu « Hypnose » d'A. Boal.

23

La chaise

Matériel Une chaise par groupe de cinq ou six enfants.

Description Un joueur est placé derrière une chaise. Il prend une position, la plus fantaisiste possible, en utilisant la chaise comme il l'entend. Pendant ce temps, les autres joueurs ont le dos tourné pour ne pas regarder les différentes étapes de la prise de position.
Au signal du premier joueur, les autres se retournent, observent sa position et essaient de retrouver la succession des positionnements qui ont abouti à la posture définitive.

Objectifs Observer, émettre des hypothèses sur l'enchaînement utilisé pour aboutir à une position donnée.

Niveau CM.

Variante Les enfants sont par groupes de cinq ou six, avec une chaise. Ils essaient de trouver le maximum de situations d'équilibre en utilisant la chaise.

Objectifs Développer l'imagination, utiliser d'une manière non conventionnelle un objet usuel. Développer l'équilibre, trouver de nouveaux appuis.

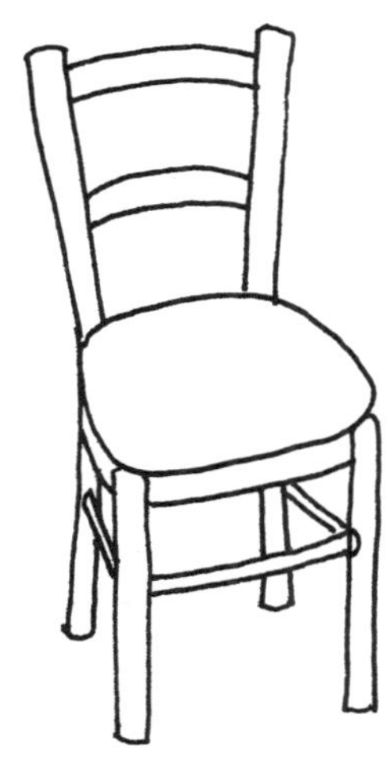

24

Le cambrioleur

Description Se joue à trois ou quatre. Deux joueurs prennent appui contre le mur en créant un volume, un espace complexe. Cet espace est délimité par les bras, les jambes, le buste des joueurs qui s'organisent pour figurer une « maison ». Ce volume est la maison dans laquelle l'intrus va essayer de pénétrer. Le joueur qui est le « cambrioleur » doit s'introduire dans la maison « sans éveiller les soupçons et sans déclencher le système d'alarme ».

Niveau Maternelle → CM.

Objectifs – Pour les joueurs qui matérialisent la maison, garder une attitude, concevoir une « habitation », un volume inviolable.
– Pour le cambrioleur, faire preuve de souplesse, de mobilité dans ses déplacements. Cette situation provoque la production de formes variées, d'équilibres subtils, de coordinations originales, de dissociations fines.

Tâche 1 Plan vertical : utiliser un mur comme support.

Tâche 2 Plan horizontal : utiliser le sol comme support.

Observations Les déplacements sont du type reptations sur le dos, sur le ventre, sur le flanc.

Tâche 3 Un joueur extérieur comptabilise le nombre de touches faites par le cambrioleur pour réussir son intrusion : chaque fois que le cambrioleur touche un élément de la maison (ex. : le bras d'un joueur qui « fait » la maison), cet élément touché émet un « dring ». Le cambrioleur qui aura touché le moins souvent les « murs » de la maison aura gagné.

Niveau CP → CM.

Observations Le maître doit veiller aux dimensions de la maison. Les enfants ont tendance à construire des volumes restreints, des maisons inviolables.
Au CP, les maisons sont souvent représentées par des ponts ventraux ou dorsaux. Après quelques tentatives, les appuis se diversifient, et les positions deviennent moins symétriques.

25

Les histoires

Description Mettre en scène des récits de fiction. Ces mises en scène sont l'occasion de projections et d'identifications nombreuses.

Matériel Livres de référence :
- *366 contes merveilleux*, racontés par Gianni Padoan (Les Deux Coqs d'Or)
- *Fables de la Fontaine (Le chêne et le roseau)*
- *Raconte-mois*, d'Yves Pinguilly (L'École des Loisirs)
- *Comptines en liberté*, choisies par Jacqueline Pierre (Nathan)
- *Le petit enfant et la poésie* (Georges Jean).

Objectifs Mettre en scène une histoire courte en limitant le discours et en privilégiant le mouvement, les déplacements de joueurs (au moins deux).

Niveau Maternelle → CM.

1 *Comment le lièvre devint blanc*[1]

Description 1 — Lecture du conte à tous les enfants et présentation des illustrations : c'est l'histoire d'un Indien qui rame dans son canoë à la recherche de lièvres. Surpris par une tempête de neige, il se perd et ne doit son salut qu'à un lièvre qui lui indique le chemin. L'Indien caresse le lièvre en guise de remerciement. Le lièvre devient blanc donc imprenable, car il se confond désormais avec la neige.

2 — Attribution des rôles : le maître forme deux groupes d'enfants : une groupe d'« Indiens » qui ont chacun un canoë (représenté par une serpillière), se déplacent en ramant dans leur espace. Dans un second espace matérialisé, quelques enfants sont les lièvres.
3 — Mise en scène : le maître reprend l'histoire : « l'Indien ramait, ramait... » Il peut matérialiser une rivière avec des obstacles (cerceaux au sol qui sont des pierres à éviter, ponts matérialisés par des lattes posées sur des briques superposées). « Pendant ce temps les lièvres vaquent à leurs occupations... Les Indiens quittent leurs canoës... C'est la tempête de neige. Ils marchent péniblement... Ils sont perdus... » (mines dépitées des enfants qui cherchent...). « Oh, voici des lièvres qui indiquent aux Indiens le moyen de retrouver le canoë. »
Le maître peut demander aux « lièvres » de montrer à l'Indien *son* canoë. Il faudra alors le dire au début du jeu : cette consigne exigera un repérage précis des canoës et de leurs propriétaires respectifs.

2 *« La brume »*[2]

La brume
un jour en novembre
voulait dormir dans ma chambre
j'ai fermé la porte à clé
la brume m'a encerclé
brume, brouillard, brouillardise
j'en ai fait ma gourmandise

Après une mémorisation rapide, les enfants représentent la scène par groupes de deux. Quelques questions collectives orientent les productions : quel temps fait-il en novembre ? Comment peut-on le suggérer ? La brume fait-elle du bruit ? Comment se déplacer ? Que signifie le terme « encercler » ? Comment faire comprendre l'expression « J'en ai fait ma gourmandise » ?

Description Les enfants sont par deux. Un joueur représente le narrateur, l'autre la brume.

1. In *366 contes merveilleux*, op. cit.
2. In *Raconte-mois*, op. cit.

26

La chaîne de montage

Description Par groupes de quatre. Les joueurs sont côte à côte. Ils constituent chacun un élément d'une chaîne de montage, de transformation. La consigne est la suivante: « Je prends un objet, je le transforme et je le donne au deuxième joueur qui, à son tour, le transforme et le donne au troisième... ainsi de suite jusqu'au quatrième joueur. » Chaque groupe, lorsqu'il a mis au point une production, la présente à ses camarades.

Niveau CM. La notion de chaîne de travail est généralement extérieure aux enfants. Le dessin animé « L'Atelier du père Noël », de Walt Disney, est une amusante illustration de ce type de production, de même que le film de Charlie Chaplin, « Les Temps modernes ».

Observations Pour obtenir des transformations visibles de l'objet, il faut exiger une certaine distance entre les éléments de la chaîne; dans cette situation, la neutralité des visages est souvent de circonstance. Les manipulations se limitent aux membres supérieurs, parfois aux membres inférieurs. Il faut rappeler aux enfants le principe du travail à la chaîne, c'est-à-dire une même action sur une même série d'objets.

Objectifs Caricaturer les comportements de travail. Tenir compte de tous les éléments de la chaîne et synchroniser les actions individuelles pour obtenir un mécanisme collectif cohérent. Le maître peut aussi demander une expression faciale lors de la transformation de l'objet et orienter les déplacements vers une utilisation plus large de l'espace (vers le bas, en avant, en arrière...).

27

Les bruitages

Description Le maître donne une indication de lieu. Par exemple : la cuisine, la salle de bains, l'atelier, la classe... Chaque enfant essaie de répertorier tous les bruits caractéristiques du lieu annoncé et de les reproduire. Exemple : dans la cuisine, le bruit de la cocotte-minute, du gaz, de l'eau coulant dans l'évier, à flots ou au goutte à goutte...

Objectifs « Entendre » son environnement ou se remémorer un environnement familier sur le plan sonore. Faire preuve d'imagination pour la reproduction des bruits.

Tâche 1 Utiliser sa voix et son corps pour émettre différents bruits.

Niveau CE → CM.

Tâche 2 Le maître donne un thème ou un scénario à exécuter par deux joueurs. Par exemple : une bagarre dans un bar, une scène dans une gare, un dressage d'animaux, des bruits ménagers. L'un des joueurs est l'acteur, l'autre sonorise le film, c'est le bruiteur.

Observations Sonoriser la marche ou les déplacements de l'acteur est difficile. Il faut demander aux acteurs d'exagérer leurs déplacements pour que le bruiteur s'adapte. Le bruiteur peut opter pour un effet de contraste en bruitant le plus légèrement possible une marche pesante de l'acteur.

Tâche 3 Les joueurs sont par petits groupes : deux ou trois acteurs et le même nombre de bruiteurs, et ils créent une scène.

Objectifs Varier, moduler les émissions sonores et essayer de les rendre signifiantes.

Tâche 4 Par groupes : un acteur pour deux ou trois bruiteurs. Bruiter une scène simple en veillant à la succession ou à la simultanéité des sons. Exemple : pousser une poussette avec trois bruits : la poussette qui grince, le bébé qui pleure dès que la poussette s'arrête et le mère qui s'essouffle...

Observations Cette situation peut être réinvestie dans le jeu des « lieux » (nº 36). Les « jeux de souffle » (nº 18) peuvent également être réinvestis dans ce jeu.

28

Les formes

Description Seul ou à plusieurs, reproduire corporellement des lettres, des chiffres, des formes géométriques dans l'espace.

Objectifs Mobiliser ses segments corporels pour produire des formes imposées.

Tâche 1 En dispersion, le maître demande aux enfants de représenter avec leur corps la lettre A, par exemple, et de trouver différentes manières de représenter cette lettre : au sol en plaçant l'avant-bras devant une jambe fléchie, ou debout avec un avant-bras devant les jambes.
Le maître peut aussi demander de représenter des formes géométriques. Exemples : un rond, un triangle, un carré, un rectangle, un trapèze... Les exigences seront liées aux connaissances des enfants.

Niveau CP → CM.

Tâche 2 Par petits groupes de trois ou quatre. Le maître demande aux enfants placés côte à côte de représenter un mot corporellement. S'ils sont trois, ce sera un mot de trois lettres, chaque enfant représentant une lettre.
Les autres groupes devront deviner le mot en se plaçant face aux joueurs.

Observations La lecture des mots ainsi formés demande une certaine gymnastique intellectuelle et une part d'imagination puisque les différentes lettres sont représentées dans différents plans.
Exemple : le mot « TOI » : le T est dessiné dans le plan vertical, le O formé par les bras arrondis dans le plan horizontal, et le I à nouveau dans le plan vertical.

Tâche 3 Chaque lettre — ou chiffre ou forme géométrique — sera représentée par un groupe de trois ou quatre joueurs, chacun devant participer à la construction finale. Exemple : le A à trois.

Objectifs Imaginer et expérimenter des appuis et des équilibres différents, des constructions collectives.

29

Les assiettes

Matériel Un dictionnaire pour deux enfants, une musique assez vive (par exemple : Musique Chilili, danses de Colombie, Unidisc) et des assiettes en carton ou en plastique (une par enfant).

Observations Chaque enfant a une assiette. Ces assiettes peuvent être de différentes couleurs ou non. Dans ce cas, la localisation sera encore plus difficile. Sur la musique, le maître demande aux enfants de poser leur assiette au sol et de circuler dans les espaces libres en utilisant différents types de déplacements. A l'arrêt de la musique, l'enfant doit retrouver « son » assiette et exécute la consigne du maître : « faites tenir l'assiette en équilibre sur le dos de la main ». Quand tous les enfants ont réalisé la consigne, le maître leur demande de déplacer leur assiette. La musique reprend, ainsi que les déplacements. A l'arrêt suivant, autre consigne : « faites tenir l'assiette en équilibre sur les fesses » et ainsi de suite.

Niveau CP → CM.

Objectifs Alternance de déplacements et d'arrêts contrôlés avec équilibres et appuis variés. Orientation, localisation dans l'espace.

Observations Quelques petits litiges apparaissent, reflétant les difficultés de localisation dans l'espace. Les assiettes de couleur identique rendent le repérage difficile. En début d'année, au CP, l'enfant focalise son attention sur son assiette et ne tient pas compte de ses voisins pour se resituer rapidement. Quelques enfants lient les litiges aux positions trop rapprochées des assiettes.

Tâche 1 L'assiette est posée sur la main, tel un plateau. On organise un parcours : « la course des garçons de café », avec des cerceaux à contourner, un pont à franchir... Deux équipes s'affrontent.

Niveau CP → CM.

Objectifs Rapidité et maîtrise des gestes dans l'exécution, adresse.

Tâche 2 L'assiette est posée sur la tête. A l'arrêt de la musique, le maître demande aux enfants d'adopter une démarche correspondant au port de différents types de chapeaux : un canotier, un chapeau melon, un képi, un béret, un chapeau de soleil, un bonnet à pompon, une capeline, un haut de forme, une casquette, un bicorne, un sombrero, un feutre... Un dictionnaire est disponible pour deux enfants. Dès la consigne, les enfants peuvent aller consulter le dictionnaire si le mot leur est inconnu.

Niveau CM.

30

Les masques

Description Les enfants créent des masques, chacun le sien : masque de papier (tenu par une ficelle nouée derrière le visage), masque en bande plâtrée, en carton du type masque de carnaval, en collage, en relief... Différentes situations sont proposées avec ce matériel.

1 *Avec un masque en papier, noué avec des ficelles*

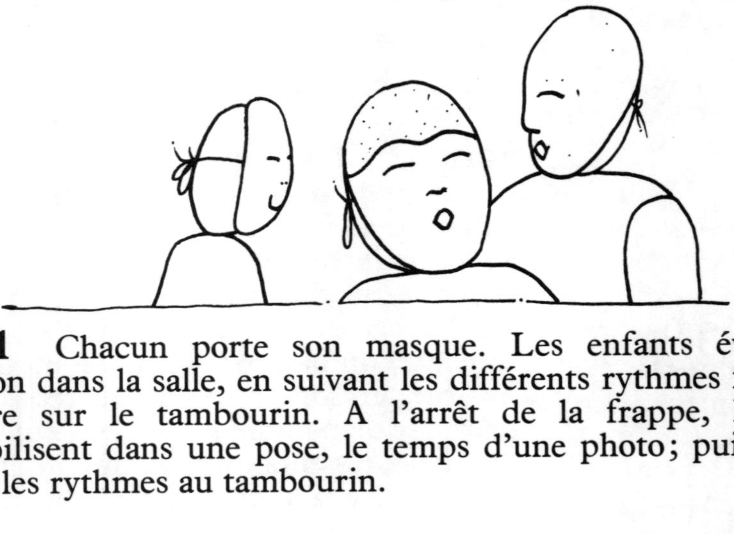

Tâche 1 Chacun porte son masque. Les enfants évoluent en dispersion dans la salle, en suivant les différents rythmes frappés par le maître sur le tambourin. A l'arrêt de la frappe, les enfants s'immobilisent dans une pose, le temps d'une photo ; puis le maître reprend les rythmes au tambourin.

Objectifs Alterner déplacement et arrêt dans une posture. Cette posture doit avoir un lien avec la représentation du masque. Elle doit caractériser soit un tracé, soit une couleur, soit l'ensemble du masque.

Niveau CP → CM.

Observations L'obligation de représentation du masque ou de l'un de ses tracés n'existe que pour solliciter une prise en compte effective du masque. Les enfants ont créé chacun leur masque, donc ils le connaissent. Les poses adoptées sont, à une grande majorité, verticales. Le maître doit alors formuler la possibilité d'utilisation du sol.

Tâche 2 A l'arrêt du tambourin, les enfants se regroupent par trois pour constituer un ensemble harmonieux, une photo originale et collective.

Objectif Imaginer un effet collectif.

Observations La nécessité de gérer un espace frontal à plusieurs entraîne une utilisation plus fréquente du sol : un joueur est debout, l'autre est accroupi devant. Les effets visuels provoqués par cette situation sont particulièrement intéressants. Un travail ultérieur sur la symétrie entre les postures peut être envisagé, de même qu'une accentuation des contrastes : tel masque sera placé en haut, tel autre en bas, tel masque en avant, tel masque en arrière...

2 *Avec des masques neutres*

Tâche 1 Par deux : un numéro 1 et un numéro 2. Le numéro 1 se déplace de trois pas et prend une posture. Quand le numéro 1 est complètement immobile, le numéro 2 vient compléter la posture du numéro 1. Il faut s'arranger pour que les deux masques restent visibles et qu'il y ait un contact corporel entre les deux joueurs, aussi minime soit-il. Échanger ensuite les rôles.

Niveau CM.

Objectifs Être attentif à la production du partenaire et s'inscrire dans son projet en le complétant.

3 *Avec des masques à tige*

Tâche 1 La tige est en bois, collée sur un papier cartonné, dessiné et colorié.
Différentes danses folkloriques peuvent être réalisées avec ce type de masques : on fera danser les enfants par couples, avec tenue du masque à tige, pas de valse en avant, en arrière, en tournant. [1]

4 *Avec des gros masques en carton*

Tâche 1 Petit enchaînement sur la musique d'une publicité comme « la Colegiala », interprétée par Rodolfo y Su Tipica. Par petits groupes, commencer en ronde, s'avancer vers le centre de la ronde en agitant les bras à la verticale, reculer en claquant des doigts devant soi, tourner sur soi-même vers la droite et vers la gauche, puis se déplacer latéralement à droite et à gauche... Envisager différentes formations. Exemples : passer de la ronde au quinconce, à deux lignes dos-à-dos ou face-à-face...

Observations Le masque, un peu comme les ombres chinoises, sert d'écran pour celui qui agit derrière lui. C'est une protection, une « seconde peau ». Les productions de certains enfants sont exceptionnelles et très inattendues. Libérés, ils s'autorisent des poses qu'ils n'auraient pu assumer sans masque. Le masque favorise aussi la communication corporelle en dérivant l'attention centrée sur le regard d'autrui.

1. Utiliser par exemple les « Danses des USA » ou la « Mexican Walz », Unidisc EX45210.

31

Les photos

Matériel Photos diverses de spectacles de danse ou de postures découpées dans des magazines.

Description Le maître étale toutes les photos qu'il a à sa disposition. Celles-ci représentent des attitudes plus ou moins aisées à imiter. Chaque enfant choisit trois poses, les expérimente et crée un enchaînement en inventant le passage, la liaison d'une photo à l'autre.

Objectifs A partir de contraintes limitées (trois), imaginer un ensemble cohérent. Coordonner ses actions.

Niveau CE → CM.

Observations Les photos sont en général celles de mannequins ou de danseurs. Pour stimuler la capacité des enfants à créer des enchaînements, le maître a intérêt à les grouper par deux ou trois, et à leur proposer quelques idées de liaisons: déplacements à pas chassés latéraux, avant marche, arrière marche... Certains groupes utilisent d'emblée les tours (un tour complet sur soi-même), les sauts pour passer d'une pose à une autre.
Le fait d'être en groupe oblige à penser une chorégraphie et une organisation spatiale collectives.

Tâche 1 Le maître classe les photos en rubriques et l'enfant doit choisir une photo dans chaque rubrique : posture au sol — posture debout — posture de bras par exemple. Les enfants choisissent l'ordre dans lequel ils exécuteront les postures.

Observations Cette contrainte oblige les enfants à diversifier leurs postures et à « équilibrer » leur enchaînement. Le passage de la position debout à une position au sol peut être l'objet d'un travail spécifique : « Trouver différentes façons pour descendre au sol. »

Tâche 2 Les enfants réalisent leur enchaînement sur deux musiques différentes : une musique lente, et une rythmée plus rapide.

Tâche 3 Les enfants font leur enchaînement :
- sur un trajet linéaire avec un départ et une arrivée imposés D ———————— A
- sur un trajet courbe, anguleux ;
- avec des changements de direction : avant/arrière, demi-tour...

32

Les voitures aveugles

Matériel Un foulard pour deux enfants.

Description Les enfants sont par deux : un conducteur et une « voiture ». Chaque conducteur, placé à l'arrière de la voiture, convient avec son partenaire d'un code pour indiquer le déplacement avant, l'arrêt, le déplacement à droite et à gauche. Les voitures ont toutes les yeux fermés ou un foulard qui leur bande les yeux.
Le code choisi doit être simple pour être efficace. Exemple : pour aller à droite, toucher la main droite de la voiture, pour aller à gauche, la main gauche, pour avancer, toucher le dos, et pour stopper, le sommet de la tête.
Tous les conducteurs sont en dispersion dans l'espace, placés chacun derrière leur voiture. Au signal du maître, tous les conducteurs dirigent leur voiture vers un endroit convenu au départ.
Avec de jeunes enfants, on limitera les évolutions à des petits groupes. Le conducteur place ses mains sur les épaules de son partenaire, et le

déplacement de la voiture se fait par contact tactile et guidage permanent. On peut aussi envisager de petits parcours : slaloms entre des bornes, passages au-dessus de lattes posées au sol...

Niveau CP → CM.

Objectifs Exercice de confiance pour le joueur qui figure la voiture. Pour le conducteur, exercice de précision et de rapidité (ordres à donner, sécurité de la voiture à garantir).

Observations La situation yeux bandés est angoissante pour certains enfants. Les déplacements yeux fermés sont plus ou moins hésitants, selon le degré de confiance de la voiture à l'égard du conducteur. Pour d'autres enfants, il est amusant de se « rentrer dedans ». Il faut alors intervenir et introduire une règle : l'élimination des voitures responsables de carambolages. Les enfants vont établir le constat sur la touche.
Certains enfants se tiennent très éloignés de la voiture : leur rappeler que les conducteurs sont garants de la sécurité et de l'intégrité des voitures. Enfin quelques enfants parlent sans cesse : leur rappeler que le code gestuel doit être suffisant pour diriger la voiture.

Tâche 1 Le maître délimite un « parking » dès que les « voitures » ont les yeux bandés. La cible est donc fixe. Les conducteurs doivent enchaîner des déplacements d'esquive pour amener les voitures à bon port.

Tâche 2 Le maître est la « cible » que les conducteurs doivent viser. Les voitures doivent parvenir à sa hauteur rapidement. Le maître est une cible mobile qui se déplace sans arrêt, obligeant les voitures à des changements de direction nombreux et permanents et les conducteurs à des traitements d'informations multiples et multidirectionnelles.

Observations La peur de se faire éliminer ou la difficulté à suivre une cible mobile amènent les enfants à davantage de concentration et d'attention.

33

Les consignes

Matériel Musique évocatrice d'un pays (par exemple, musique chinoise); bâtons ou bouteilles de plastique.

Description Trois espaces distincts sont matérialisés dans la salle. Si on choisit d'illustrer le thème de la civilisation chinoise, la répartition des espaces peut se faire de la manière suivante:

- le premier espace symbolise une rizière (mot à expliquer aux enfants);
- le deuxième, une école de Kung-Fu;
- le troisième, une rivière.

A chaque lieu correspondent des comportements précis:

- dans la rizière, on plante le riz;
- dans l'école de Kung-Fu, un maître initie ses disciples aux techniques de combat;
- dans la rivière, on navigue, on se promène sur le bord, on se lave...

Les enfants sont, au départ, répartis en trois groupes. Chacun d'entre eux se place à proximité du premier espace qui lui est dévolu. Dès que la musique commence, les enfants pénètrent dans cet espace et adoptent les comportements qui en sont représentatifs, avec les bouteilles ou les bâtons.

Au signal du maître, les joueurs changent d'espace, tout en restant avec leur groupe initial. Les déplacements inter-lieux s'effectuent rapidement, à tout petits pas, en abandonnant les objets utilisés dans l'espace qu'ils viennent de quitter.
Chaque groupe a le même nombre de participants. Dès qu'un membre du groupe arrive dans le nouvel espace, il s'immobilise et attend que ses partenaires l'y aient rejoint. Quand tout le groupe est là, les joueurs reprennent les comportements de ce nouvel espace.

Objectifs Accepter une contrainte. Collaborer ou s'opposer dans un espace donné. Répéter et systématiser certains comportements. Répondre à un signal et pouvoir enchaîner trois comportements différents.

Niveau CP → CM.

Observations Au CP, choisir des pays légendaires, comme le pays des Ogres (tout y est grand ou gros), le pays du Petit Poucet (tout y est petit), le pays des Paresseux (tout y est lent) et utiliser des musiques variées et bien rythmées (« Âge tendre », de Francis Lai, par exemple).
Changer d'espace au signal, avec des déplacements en angles et en regardant droit devant soi.
Au CM, pour développer le thème sur la Chine, on peut partir de documents sur le repiquage et la récolte du riz et, par des suggestions verbales, amener les enfants à diversifier leurs comportements : avancer tous en ligne pour repiquer le riz, etc. Travailler le « combat » en mémorisant des séquences de combat enrichira les compor-

tements dans le deuxième espace. Répertorier les activités dans la rivière ou au bord de celle-ci produira des comportements nouveaux.

34

La marionnette sans fils

Description Les enfants sont deux par deux : une marionnette et un marionnettiste. Le marionnettiste se tient à distance de la marionnette et imagine qu'il tient des fils invisibles, reliés aux différents segments corporels qu'il souhaite manier. Il essaie de donner une position la plus originale possible à sa marionnette. Quand celle-ci est dans la posture finale, le marionnettiste se place face à elle et compte quinze secondes à haute voix. Au bout de ces 15 secondes, la marionnette peut bouger un segment, un bras, une jambe, le buste, etc. Le marionnettiste compte à nouveau 15 secondes, et la marionnette bouge un autre segment corporel. Comptage à nouveau à la troisième reprise : la marionnette doit retrouver la position initiale qu'elle avait avant les différentes transformations.

Niveau CP → CM.

Objectifs Pour les deux joueurs, mémoriser la position initiale. Pour la marionnette, tenir en équilibre à partir d'appuis plus ou moins instables.

Observations Les enfants se prennent au jeu. Certains, perplexes, regardent les autres avant d'entrer en action. Les marionnettes font remarquer aux marionnettistes la difficulté d'exécuter leurs indications quand ils sont placés derrière elles. Ce travail se réalise dans le calme (nécessité de concentration, d'attention soutenue). Les uns et les autres font part de la grande difficulté à être la marionnette qui, à l'opposé du jeu « Les marionnettes avec des fils » (nº 11), est ici très active (mémorisation, équilibres variés).

Tâche 1 Le marionnettiste pourra être placé :
- dans le champ visuel de la marionnette ;
- hors de son champ visuel, derrière elle.

Observations Le marionnettiste placé hors du champ visuel de la marionnette doit établir une communication autre que visuelle, mais toujours sans contact avec la marionnette. La marionnette doit « sentir » la présence et les intentions du marionnettiste.

35

Les actions

Matériel Tapis.

Description Le maître cite trois verbes d'action, auxquels les enfants vont donner un sens et un contexte, en les utilisant dans des situations choisies par eux.
Exemples : « Je prends, je transporte et je donne ».
Avec de jeunes enfants, le maître se limitera à une, voire deux actions en suggérant des objets variés.
Exemples : « Prendre un verre, un balai, un objet précieux, une valise, un jouet... Jeter un bonnet... »

Objectifs Exploiter l'imagination des enfants. Combiner des actions. Représenter le réel et s'en faire une appropriation esthétique.

Niveau CP → CM.

Observations A partir de la consigne « Je prends, je transporte et je donne », les séquences conçues par les enfants font souvent preuve d'une grande richesse imaginative : un oiseau tombé du nid que l'on transporte avec précaution jusqu'à un abri, un âne si récalcitrant qu'il provoque la chute de son maître avant d'être attaché à un arbre... Pour aider les joueurs, le maître peut matérialiser un point de départ, un déplacement linéaire et une arrivée : Ⓓ————————Ⓐ, sur l'équivalent d'une largeur de salle. Ceci permet d'effectuer des déplacements avant, mais aussi des contournements, des passages au sol.

Variantes D'autres combinaisons sont à expérimenter, telles que : « Je reçois, je chute, je renvoie » (avec un tapis pour les chutes !), « se promener, découvrir un endroit, agir en conséquence », « Être assis, se lever, quitter la pièce »... Pour faire évoluer chaque situation, il faut que les enfants déterminent précisément l'« objet » sur lequel ils agissent, la manière dont ils agissent (soudainement, lentement...), et le destinataire quand l'action finale caractérise un échange. Le maître peut imposer la qualité, la taille ou le poids de l'objet.

36

Les lieux différents

Description Le maître détermine trois lieux dans la salle. Chaque lieu est un espace connu (la rue principale de la ville), ou un lieu insolite (une grotte, une cave, le grenier des grands-parents...), un lieu visité (le musée, la foire, le stade de foot...).
Prenons l'exemple de la rue piétonne, artère principale de la ville.
Les enfants sont répartis par groupes. On crée 3 rues, chacune étant indépendante des autres. Dans chaque rue, le maître désigne deux ou trois enfants qui créeront l'événement, la surprise. Cet événement pourra être une panne d'électricité, une bagarre... Si le groupe d'enfants chargé de faire l'événement trouve des idées, le maître laisse faire. Cet événement doit modifier le comportement des autres joueurs.

Objectifs Être capable de modifier son comportement par rapport à un signal extérieur (l'événement).

Niveau CM.

Observations L'événement étant l'élément intéressant et valorisant du jeu bien qu'il y ait un groupe chargé de le réaliser, tous les enfants veulent créer la surprise. Exemple : des femmes s'évanouissent, des animaux s'échappent des mains de leur maître et provoquent mille et un dégâts. D'autres enfants reproduisent ce qu'ils ont vu à la télévision : fusillade, bagarre. Dans tous les cas, les rues sont très animées ! Les comportements des enfants, malgré la reformulation de l'animateur, restent assez caricaturaux.

Tâche 1 Le maître interdit les comportements animaux habituels (quadrupédie). Il peut, cependant, autoriser l'invention d'animaux extraordinaires qui, eux, vont provoquer l'événement. Un travail systématique des démarches sera abordé. Ce travail peut être réalisé par le jeu de l'ombre (nº 38), ou par une étude des marches.
Exemple : marcher avec précaution, la marche de l'homme qui flâne devant les vitrines ou qui vient de rater son bus, de la femme qui a des talons trop hauts, etc. Ce travail de recueil de démarches peut être réalisé par les enfants eux-mêmes et être l'objet d'une observation.

Variantes Le travail de marches peut aussi être réalisé de manière plus analytique : marcher sur la pointe des pieds, sur les talons, sur l'intérieur du pied, sur l'extérieur, les pieds en dedans, les pieds en dehors... avec toutes les combinaisons possibles : un pied en dedans et un pied en dehors ; un pied en dedans et un pied sur la pointe ; un pied sur le talon et l'autre sur l'extérieur...

37

Les plans inclinés

Matériel Un ballon pour deux enfants.

Description Dans un milieu aménagé (gymnase ou salle avec escaliers, plinthes...), le maître propose aux enfants, qui sont regroupés par paires, de trouver une forme corporelle adéquate pour faire rouler le ballon le plus longtemps possible sur soi-même.

Objectifs S'adapter à un objet, imaginer des formes corporelles offrant le plus long chemin possible. Allongement des postures.

Niveau CE → CM.

Observations Suspendus aux espaliers, certains enfants demandent à leur partenaire de faire rouler le ballon sur leur dos. Ils récupèrent le ballon au niveau des genoux, les écartent pour laisser ensuite tomber le ballon.
D'autres enfants accrochés par une main aux espaliers, en appui sur un genou replié au sol, utilisent le chemin formé par le bras libre dans le prolongement du corps, le flanc, et la jambe libre pointée latéralement. Là encore, le parte-

naire fait rouler le ballon. Le plus souvent il contrôle le trajet du ballon au fur et à mesure avec ses mains. Il faut ensuite demander aux enfants de lâcher le ballon et de le récupérer seulement en fin de course.
D'autre appuis sont privilégiés, le sol par exemple, avec une attitude en appui sur un genou et la main opposée, l'autre bras et la jambe libre tendus, ou l'attitude en appui dorsal avec jambes tendues et serrées, ou encore la même en appui ventral...

Tâche 1 Celui qui fait rouler le ballon va le faire sur une combinaison de deux supports. Les enfants sont par trois : deux d'entre eux construisent le plan incliné et le troisième fait rouler le ballon.

Objectifs Imagination pour les constructions ; portés, équilibres variés au plan moteur ; maintien d'une posture pour les supports par trois.

Tâche 2 Inventer trois supports différents sur un trajet linéaire imposé, avec changement de celui qui fait rouler le ballon à chaque construction.

Objectifs Enchaînement d'actions dans un ensemble cohérent. Mémorisation des supports.

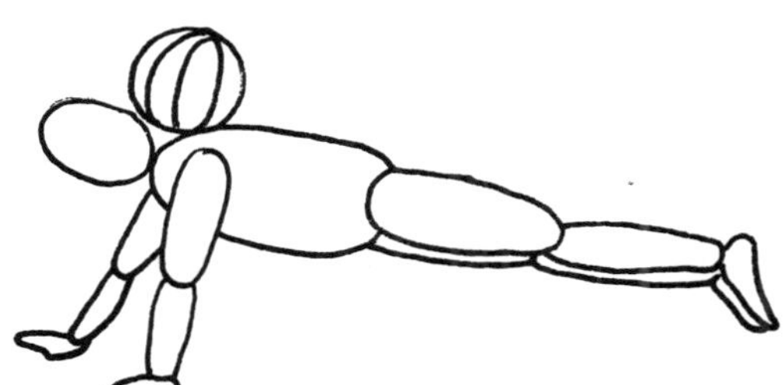

38

Le suiveur

Matériel Musique rythmée.

Description Les enfants sont par deux, l'un derrière l'autre. Le numéro 2, qui suit son partenaire, est « l'ombre » du numéro 1. Il doit donc imiter trait pour trait ce qu'exécute le numéro 1, devant lui. Après dix imitations, l'ombre prend la place du meneur.

Niveau Maternelle → CM.

Objectifs Travail de l'imagination, diversification des déplacements, imitation donc représentation.

Observations En maternelle ou au CP, les enfants ont parfois du mal à imiter certains déplacements en restant l'un derrière l'autre : ils se placent spontanément côte à côte, ou parfois en vis-à-vis avec des problèmes supplémentaires de transposition de mouvements en situation de miroir. Mais ils peuvent contrôler leur production par le regard et ont également dans leur champ visuel les déplacements et le regard de l'autre.

La situation d'imitation est très riche et aboutit à des productions multiples : déplacements quadrupédiques chez les petits ou sauts en tous genres, représentations animales les plus diverses. Au CM, les démarches deviennent plus stylisées, et la notion même de démarche à imiter peut fournir le thème de la situation.

Tâches 1-2-3 Positions face à face, côte à côte ou décalées peuvent être une contrainte proposée par le maître.

Observations Les tâches précédentes peuvent s'orienter vers un travail spécifique de la symétrie ou vers une représentation de « gargouilles » par deux enfants (un porteur et un porté).[1]

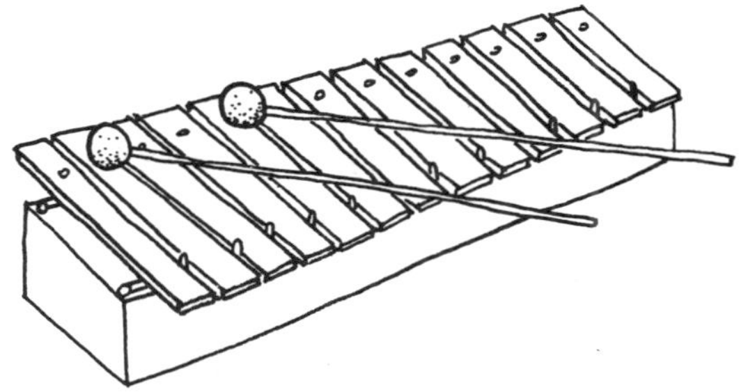

1. Situation détaillée par F. et J.-P. Levieux, dans « L'expression corporelle », Revue EPS, 1989.

39

Les quatre saisons

Description Les enfants sont répartis en groupes de quatre ou cinq. Chaque groupe reçoit un papier sur lequel est noté le nom d'une saison : hiver, printemps, été, automne. Chaque groupe prépare sa production, qui doit être un tableau représentatif de la saison donnée. Les préparations doivent être silencieuses pour ne pas faire connaître aux autres groupes la saison que chacun illustre. Les productions se font, selon les enfants, avec ou sans bruitages.

Niveau CE → CM.

Objectifs Passer d'une représentation « caricaturale » à une représentation plus stylisée. S'inscrire corporellement dans une production collective.

Observations Le maître peut prévoir une série de comportements significatifs d'une période, que les enfants, notamment les plus jeunes, peuvent consulter s'ils n'ont pas d'idée. Exemple : en hiver : la construction du bonhomme de neige, la bataille de boules de neige, le patineur sur le lac gelé, le skieur de fond ou de piste, le passant qui glisse sur le trottoir verglacé, le chasse-neige qui déblaie les routes encombrées...

Tâche 1 Supprimer les clichés et localiser le lieu avec précision (« l'hiver dans votre rue »). Amplifier les démarches, les comportements qui peuvent donner l'idée de froid, sans les caricaturer. Le maître peut proposer des textes (contes ou comptines, comme « La petite fille aux allumettes » d'Andersen, ou textes littéraires), ou des observations réelles.

40

Gym-danse

Matériel Cerceaux, table, craie, et un tapis par groupes de cinq ou six enfants ; musique « chilili » (Bolivie, Unidix) et musique lente (Vangelis).

Description Constituer un parcours. Exemple de parcours : 3 cerceaux espacés, une table, un tapis et une ligne tracée au sol avec la craie. Quatre parcours parallèles sont ainsi constitués. Dans chaque groupe, les enfants se déplacent sur le parcours, les uns derrière les autres. Les premières fois, ils se déplacent librement ou en imitant le chef d'orchestre (le premier de la file), chacun des enfants étant meneur à tour de rôle. Prévenir les enfants que le matériel sera enlevé et qu'il faut en mémoriser la disposition.

Objectifs Enchaînement d'actions, adaptation à des contraintes matérielles précises et création d'un enchaînement collectif à partir d'un projet concerté.

Niveau CP → CM.

Tâche 1 Les enfants peuvent modifier la disposition du matériel. Le maître peut imposer des variantes de déplacement et de matériel. Exemples : course dans les cerceaux, passage au sol sur le tapis, déplacements variés en arrière ou avec changement de direction.

Observations Les déplacements observés sont essentiellement des sauts, courses, sautillés, franchissements. Le passage au sol est l'occasion de réinvestir les roulades avant et arrière pour ceux qui les maîtrisent. Pour les autres, le tapis est l'occasion de chutes.

Tâche 2 Choisir une autre musique, mais reprendre le même enchaînement.

Objectifs Organiser le projet collectif autour d'une contrainte sonore différente.

Observations Insister sur la réalisation de l'enchaînement en rythme.

Tâche 3 Supprimer le matériel et retrouver son enchaînement avec la musique choisie : rapide ou lente. Le présenter aux autres groupes.

Objectifs Mémoriser ses déplacements.

Classement des jeux

Matériel	***Jeu***	*Objectifs dominants*	Niveaux
Assiettes	***Les assiettes*** **(29)**	Contrôle des déplacements	CP → CM
Balles de tennis	***Les siamois*** **(10)**	Maîtrise de l'espace proche	mat. → CM
Ballons	***Les sorciers*** **(1)** ***Les plans inclinés*** **(37)**	Intensité des déplacements Étirement des positions	CE → CM CE → CM
Bouteilles en plastique ou bâtons	***Les consignes*** **(33)**	Systématisation des comportements. Enchaînement de trois comportements différents	CP → CM
Chaise	***La chaise*** **(23)**	Parler. Énoncer	CM
Consignes verbales	***Le sculpteur et la statue*** **(17)** ***L'adjectif qualificatif*** **(20)** ***Qui suis-je?*** **(21)** ***L'intrus*** **(24)** ***La chaîne de montage*** **(26)** ***Les bruitages*** **(27)** ***Les marionnettes sans fil*** **(34)** ***Les lieux différents*** **(36)** ***L'ombre*** **(38)**	Création de formes Maintien d'attitudes Vocabulaire adéquat Nourrir l'imaginaire Maintien d'une posture Synchroniser des actions individuelles Mémorisation Mémorisation d'attitudes Modifier son comportement Diversifier ses déplacements	CP → CM CM CP → CM mat. → CM CM CE → CM CM CM mat. → CM
Cordelettes	***Les nœuds*** **(12)**	Création de formes collectives	CP → CM
Diction-naire	***Les assiettes*** **(29)**	Modifier son comportement	CP → CM
Foulards	***Les sorciers*** **(1)** ***L'aimant*** **(16)** ***Les voitures aveugles*** **(32)**	Déplacements Dissociation segmentaire Construction de références tactiles et kinesthésiques	CE → CM CP → CM CM
Glace	***Le masque facial*** **(8)**	Dissociation segmentaire	mat. → CM

Matériel	***Jeu***	*Objectifs dominants*	Niveaux
Gros matériel	***Gym-Danse*** **(40)**	Enchaînement d'actions	CP → CM
Fils de laine	***Les marionnettes*** **(11)** ***Les nœuds*** **(12)**	Dissociation segmentaire	mat. → CM CP → CM
Masques	***Les masques*** **(30)**	Alternance déplacements/ arrêts	CP → CM
Musique	***Les savants*** **(2)** ***Les chasseurs*** **(3)** ***La fée*** **(4)** ***Le papillon*** **(9)** ***Les machines*** **(13)** ***L'oiseau en cage*** **(15)** **L'aimant (16)** ***Suggestion*** **(22)** ***Les masques*** **(30)**	Variété des déplacements Changement de positions Ajuster un comportement à une consigne Dissociation segmentaire Maîtrise de l'espace proche Dissociation segmentaire Production de formes originales Dissociation segmentaire Création de formes enchaînées Alternance déplacements/ arrêts	CP CE → CM mat. mat. → CP mat. → CM CP → CM CP → CM mat. → CM CP → CM
Papier	***Mimes individuels*** **(5)** ***Mimes à deux*** **(6)** ***Le metteur en scène*** **(7)** ***Jeux de souffle*** **(18)** ***Les quatre saisons*** **(39)**	Dissociation segmentaire Coopération avec un partenaire. Ajuster sa production à l'autre Justesse du comportement, intention Dosage de l'expiration Représentation stylisée	mat. → CM CM CP → CM CM CE → CM
Photos	***Les photos*** **(31)** ***Le sculpteur et la statue*** **(17)** ***Le photographe et la star*** **(19)** ***Les formes*** **(28)**	Enchaînement d'actions Création de formes Maintien d'attitudes Précision du vocabulaire Production de formes	CE → CM CP → CM CP → CM CP → CM
Projecteur et écran	***Les ombres*** **(14)**	Dissociation segmentaire	mat. → CM
Tapis	***Les actions*** **(35)**	Étoffer l'imaginaire Enchaîner des actions	CM
Textes	***Les histoires*** **(25)**	Mise en scène	mat. → CM

Bibliographie

Bernard Michel, *Le corps,* Éditions Universitaires, 1974.

Boal Augusto, *Stop, c'est magique,* Hachette littérature, L'échappée belle, 1980.
Jeux pour acteurs et non-acteurs, Pratique du théâtre de l'opprimé, coll. Malgré tout, Maspero, 1983.

Boëch Serge, *L'expression corporelle et le ballon-pied,* Armand Colin/Bourrelier, 1982.

Boski Samy, *La relaxation active à l'école,* Retz, 1990.

Bossu Henri, Chalaguier Claude, *L'expression corporelle,* Le Centurion, 1983.

Collectif, *Activité physique de l'enfant de 3 à 10 ans,* Association des enseignants d'Éducation physique et sportive et revue *EPS,* 1981.

Chauvel Denise, Noret Christiane, *Apprenez à relaxer vos enfants de 2 à 7 ans en les amusant,* Retz, 1980.
Des jeux pour détendre et relaxer les enfants, Retz, 1991.

Hébrard Alain, *L'éducation physique et sportive. Réflexions-perspectives,* revue *EPS* et revue *STAPS,* 1986.

Jean Georges, *Le petit enfant et la poésie,* Poésie 1 (diff. Armand Colin).

Levieux Jean-Paul et Francette, *L'expression corporelle, les apprentissages de l'école aux associations,* 1989, revue *EPS* et Institut national de la jeunesse, 1989.

Limbos Édouard, *Jeux de mimes,* Fleurus/Idée, 1979.

Marchal Jean-Claude, *Jeux traditionnels et jeux sportifs,* Vigot, 1989.

Pujade-Renault Claude, *L'expression corporelle, langage du silence,* ESF, 1982.

Ryngaert J.-P., *Le jeu dramatique en milieu scolaire,* Cedic, 1977.

Salzer Jacques, *L'expression corporelle,* revue *EPS* et Institut national de la jeunesse.

Vayer Pierre, Roncin Charles, *Les activités corporelles chez le jeune enfant,* PUF, 1988.

Achevé d'imprimer en juin 1997
sur les presses de
l'Imprimerie Carlo Descamps
à Condé-sur-l'Escaut
Dépôt légal : février 1991
N° d'imprimeur : 97191
N° d'éditeur : 557
N° Projet 10040721-(VII)-(17)-BSBM 80